KB268323

기다림은 희망입니다

디지털 세대 크리스천의 감성을 위한 러브레터

기다림은 희망입니다

탁영철 지음

새물결플러스

정말 각박한 시대가 되었습니다.

사람이 기계에 밀려난 지 이미 오래고

애완견이 가족의 자리를 차지하며

경쟁에서 이기는 것이 곧 성공이 되었습니다.

정말 암울한 시대가 되었습니다.

빈부의 격차가 곧 신분의 격차가 되고

돈이 절대적인 기준이 되며

메마른 계산법이 하나님의 자리를 차지하고 있습니다.

피리를 불어도 춤을 추지 않는 세대

다른 이의 아픔에 공감하지 못하는 세대

생존을 위해서 영혼이라도 팔아야 하는 세대

이것이 우리의 자화상임을 인정해야 할 것 같습니다.

디지털화되어가는 우리들의 감성을 목도하며

마음을 울려서

영혼을 깨우는 외침이 절실함을 뼈저리게 느낍니다.

비록 이 책이 광야에 외치는 소리에 불과할지라도

누군가에게는 위로와 안식이 되며

누군가에게는 용기와 도전이 되고

누군가에게는 희망과 전환점이 될 것을 감히 소원하며

세상에 내놓습니다.

차례

글을 열며 / 4

제1부　사람을 사랑하라 / 11

제2부 하나님을 사랑하라 / 119

제3부   자기 자신을 사랑하라 / 213

사람을 사랑하라

1

그 사랑 만나러 갑니다

우리는 사랑받을 때 행복을 느낍니다.

그러나 사랑을 줄 때는 그 행복을 소유합니다.

사랑받는 것은 남에게 달려 있지만

사랑하는 것은 나에게 달려 있기 때문입니다.

사랑받는 삶은 꽃과 같습니다.

화려하고 예쁘지만 그 꽃은 언젠가 떨어집니다.

지지 않는 꽃은 없습니다.

그럼에도 영원히 사랑받는 것에 목표를 두고 살면

그 자체가 고통과 아픔이 됩니다.

불가능하기 때문입니다.

사랑하는 삶은 열매와 같습니다.

초라하고 별 볼 일 없는 것 같지만

모든 이에게 유익을 끼치기 때문입니다.

사랑받기보다는 사랑하는 것을 자신의 삶으로 규정할 때

열매를 맺기 전에 피어나는 꽃조차도

누군가의 가슴에 영원한 사랑으로 자리 잡습니다.

누군가에게 사랑을 받았던 것보다는

한 사람 한 사람을 사랑했던 것을 추억할 수 있을 때

우리의 삶은 진정한 꽃이 되고 열매로 맺혀 향기를 발하며

세상을 아름답고 따뜻하게 할 것이라 믿습니다.

꽃이 피고 그 꽃이 지므로 열매가 맺히듯,

우리도 누군가에게 사랑을 받다가 그 사랑이 끊어질 때 즈음

사랑하는 사람으로 자라가야 합니다.

오늘도 변함없이 사랑할 사람들을 만나러 갑니다.

사랑은 좋은 것만 담지 않습니다

설렘만 있다면 그것은 사랑이 아니라

그냥 설렘입니다.

좋은 것만 있다면 그것은 사랑이 아니라

그냥 좋은 것입니다.

아픔만 있다면 그것은 사랑이 아니라

그냥 아픔입니다.

상처만 있다면 그것은 사랑이 아니라

그냥 상처입니다.

이 모든 것이 어우러져 아름다움이 될 때

비로소 사랑이라 할 수 있습니다.

상대방에게서 좋은 것만을 취하고

다른 것들은 인정하지 않는 것은

지독한 이기주의의 또 다른 모습일 뿐입니다.

기분 나쁜 일 있으세요?

집이 좁으면 생활이 불편하지만
마음이 좁으면 인생이 불편합니다.

기분 나쁜 일 있으세요?

복수심으로 가득 채워 더 좁은 사람이 되지 마시고
이해와 용서로 가득 채워 너그러운 사람이 되십시오.

사랑의 마음을 가지십시오

어둠은 빛을 알게 하기 위해 존재하고
절망은 희망을 알게 하기 위해 존재하듯
미움은 사랑을 알게 하기 위해 존재하는 줄 믿습니다.

어둠에 대한 답은 빛이고
절망에 대한 답은 희망이듯
미움에 대한 답은 사랑임을 믿습니다.

어둠이 깊을수록 빛이 더욱 그립고
절망이 깊을수록 희망이 더욱 그립듯
미움이 깊을수록 사랑이 더욱 그리워집니다.

상처 많고 힘들기만 한 세상에서
사랑의 마음을 소유했다면
당신은 모든 것을 가진 사람입니다.

사랑에는 이유가 없습니다

좋아함이 사랑의 이유라면

싫어함도 사랑의 이유여야 합니다.

좋아함은 싫어함을 전제로 존재하기 때문입니다.

사랑하는 사람이 미워진다면

사랑해야 할 또 다른 이유를 만난 것뿐입니다.

미움도 사랑의 일부이기 때문입니다.

헤어지고 싶은 사람은

헤어질 이유를 찾듯이

사랑하고 싶은 사람은

사랑할 이유를 찾습니다.

사랑하는 사람에게서

사랑할 이유를 찾지 못하겠다면

사랑하지 않아서가 아니라

그냥 아프기 때문일 겁니다.

사랑에는 이유가 없습니다.

모든 것이 사랑의 이유이기 때문입니다.

사랑하는 자들아 우리가 서로 사랑하자.

요한1서 4:7

사랑은 원래 어렵습니다

좋을 때 좋아하면 좋아하는 것이고
좋지 않을 때도 좋아하면 사랑하는 겁니다.

미울 때도 좋아할 수 있고
상처받았을 때도 좋아할 수 있으며
실망했을 때도 좋아할 수 있어야 사랑입니다.
이런 것들이 없으면
진정한 사랑인지 알 수가 없습니다.

사랑한다는 것이 너무 어렵다고요?
소중한 것은 원래 다 어렵습니다.

사랑을 증명하십시오

사랑이라고 생각한다고 해서 사랑은 아닙니다.

사랑일 것이라고 추측한다고 해서 사랑은 아닙니다.

사랑이었으면 좋겠다고 바란다고 해서 사랑은 아닙니다.

사랑은 반드시 스스로를 증명합니다.

사랑은 여러 가지 모습으로 나타납니다.

때로는 친절이란 모습으로 나타납니다.

때로는 희생이란 모습으로 나타납니다.

때로는 이해란 모습으로 나타납니다.

때로는 인내란 모습으로 나타납니다.

하지만 진정한 사랑은 어떻게 알 수 있을까요?

이러한 모습이 변하지 않습니다.

용서하고 싶지 않을 때 용서하는 것을 용서라고 하고

양보하고 싶지 않을 때 양보하는 것을 양보라고 하며

희생하고 싶지 않을 때 희생하는 것을 희생이라고 하듯

사랑하고 싶지 않을 때 사랑하는 것을 사랑이라고 합니다.

사랑하고 싶지 않으세요?

당신의 사랑이 진짜라는 것을 증명할 때입니다.

그냥 사랑하십시오

혹시 억울한 일 당한 적 있으세요?

누군가에게 무시당해 힘든 적 있으세요?

이럴 때 성경은 뭐라고 할까요?

그냥 용서하라고 합니다.

누군가를 죽이고 싶을 정도로 미운 적 있으세요?

분통 터져서 미칠 것 같은 적 있으세요?

이럴 때 성경은 뭐라고 할까요?

그냥 사랑하라고 합니다.

사랑하면 이해하게 되고 미워하면 오해하게 됩니다.

이해는 행복의 근원이고 오해는 불행의 근원입니다.

행복한 삶을 원하세요?

다른 그 어떤 것도 필요 없고 그냥 사랑하십시오.

원수를 사랑하라

아무런 감정도 없는 사랑이 사랑일까요?
미움으로 가득 차 있는데
사랑하려고 애쓰는 것이 사랑일까요?
사랑입니다.

사실상 이러한 사랑이 진정한 사랑입니다.
사람의 감정과 삶의 여건을
뛰어넘은 사랑이기 때문입니다.

세상에서 가장 쉬운 일이
사랑해서 사랑하는 것이라면
세상에서 가장 어려운 일은
사랑하고 싶지 않아도 사랑하는 것입니다.

사랑해서 사랑하는 것은
누구나 할 수 있는 흔한 사랑이고
사랑하고 싶지 않아도 사랑하는 것은

아무나 할 수 없는 고귀한 사랑입니다.

어떤 상황에도 사랑받을 수 있으면

항상 행복하고

어떤 상황에도 사랑할 수 있으면

항상 아름답습니다.

그러나 너희 듣는 자에게 내가 이르노니

너희 원수를 사랑하며

너희를 미워하는 자를 선대하며

너희를 저주하는 자를 위하여 축복하며

너희를 모욕하는 자를 위하여 기도하라.

누가복음 6:27-28

사랑이 근본입니다

사랑은 행복의 근원입니다.

아무리 궁핍해도 사랑이 더해지면

천국이 되지만

아무리 풍부해도 미움이 더해지면

지옥이 되기 때문입니다.

사랑은 능력의 근원입니다.

아무리 강한 사람도 사랑하는 사람 앞에서는

한없이 작아지지만

아무리 약한 사람도 불의한 사람 앞에서는

한없이 강해지기 때문입니다.

사랑은 아름다움의 근원입니다.

아무리 초라해도 사랑하는 사람의 눈에는

한없이 예뻐 보이지만

아무리 화려해도 미워하는 사람의 눈에는

한없이 추해 보이기 때문입니다.

사랑은 성공의 근원입니다.

아무리 무능한 사람도

사랑을 만나면 유능해지지만

아무리 유능한 사람도

미움을 만나면 무능해지기 때문입니다.

오늘도 사랑이라는 큰 선물을 주고받으며

행복했으면 좋겠습니다.

상대성과 절대성

좋다는 것은 상대적이어서
사람과 상황에 따라 달라지지만
옳다는 것은 절대적이어서
사람과 상황에 따라 달라지지 않습니다.

좋다거나 싫다는 상대성에 너무 깊이 빠져서
절대적인 것인 양 착각하는 것은 아닌지요?
사람 사이의 갈등의 대부분은 옳은 것보다는
좋은 것을 추구하기 때문에 야기됩니다.

따라서 좋은 것을 추구하면
계속 불행을 향해 나아가고
옳은 것을 추구하면
계속 행복을 향해 나아갈 것입니다.

모든 좋은 것은
옳음이란 절대성 위에서만 의미가 있습니다.

의에 주리고 목마른 자는 복이 있나니

그들이 배부를 것임이요.

마태복음 5:6

좋아하는 사람이 있으세요?

좋은 사람과 좋아하는 사람을 혼동하지 마십시오.
좋아하는 사람이 좋은 사람이라는 보장은 없습니다.

좋아하는 사람을 쫓아다니다가
좋은 사람을 놓칠 수 있습니다.
좋아하는 사람을 쫓아다니다가
나쁜 사람이 될 수 있습니다.

좋아하는 사람을 쫓아다니지 말고
좋은 사람이 되십시오.
누군가에게 좋은 사람이 된다는 것은
인생에서 큰 행복입니다.

무얼 배달하고 계세요?

우리는 만나는 모두에게 뭔가를 건네주고 있습니다.

때로는 가난한 사람을 만나고

때로는 부유한 사람을 만납니다.

때로는 아픈 사람을 만나고

때로는 건강한 사람을 만납니다.

하지만 잊지 말아야 할 것이 있습니다.

그 어떤 가난함도 사랑이 더해지면 행복이 되지만

그 어떤 풍족함도 미움이 더해지면 불행이 됩니다.

그 어떤 병약함도 사랑이 더해지면 행복이 되지만

그 어떤 건강함도 미움이 더해지면 불행이 됩니다.

사랑은 행복을 배달하고

미움은 불행을 배달하기 때문입니다.

오늘도 행복 배달부로 함께 뛰지 않으실래요?

무관심

인생에서 불행은

내가 울 때 남은 웃는 것이고

인생에서 더 큰 불행은

남이 울 때 나는 웃는 것이며

인생에서 가장 큰 불행은

웃지도 울지도 않는 것입니다.

무관심보다 더 큰 불행은 없기 때문입니다.

인생에서 행복은

내가 울 때 남도 우는 것이며

인생에서 더 큰 행복은

남이 울 때 나도 우는 것이고

인생에서 가장 큰 행복은

함께 웃을 수 있는 것입니다.

산다는 것은

겨울이 지나면 봄이 오듯

아픔이 지나면 행복이 오는 것을 믿습니다.

겨울이 추울수록 봄은 따뜻하듯

아픔이 깊을수록 행복도 깊다는 것을 믿습니다.

춥디추운 날 도저히 느낄 수 없던 봄날이 어느새 찾아오듯

힘겨운 날엔 느낄 수 없던 행복도 어느새 찾아올 줄 믿습니다.

아무리 긴 가뭄도 촉촉이 쏟아지는 단비로 해갈되듯

아무리 짙은 미움도 깊은 사랑으로 해소될 줄 믿습니다.

만남이 있으면 헤어짐도 있듯

절망이 찾아오면 희망도 찾아온다는 것을 믿습니다.

어두운 밤이 지나면 밝은 아침이 찾아오듯

인생의 시련이 지나면 한껏 큰사람이 되어 있을 줄 믿습니다.

산다는 것은 믿는다는 것과 같은 말인 것 같습니다.

그 믿음이 강할수록 더 많은 것을 감내하고

그 믿음이 넓을수록 더 많은 이들을 사랑하며

그 믿음이 깊을수록 더 많은 열매를 맺기 때문입니다.

머물고 떠남에 대하여

머물기가 힘겨울 때마다 떠나고 싶어집니다.

하지만 그때마다 옳은 선택인지 생각해봅니다.

머무는 것이 나를 위한 것이면

누군가에게 계속적인 아픔이 되듯이

떠나는 것도 나를 위한 것이면

누군가에게 계속적인 아픔이 됩니다.

머물고 떠나는 것은 잠시일 수 있지만

누군가의 마음에 남겨진 상처는 한평생 사라지지 않고

누군가의 마음에 각인된 악평도 한평생 사라지지 않습니다.

소중한 것은 찾아다니는 것이 아니라

만들어가는 것임을 믿으며

지금의 자리에서 최선을 다하고 싶습니다.

내가 머문다면 가장 소중한 친구가 되게 하시고

내가 떠난다면 가장 아름다운 기억이 되게 하소서.

머물고 떠남이 사랑일 수 있을 때

모두에게 기쁨이 됨을 잊지 않게 하소서.

사랑하고 싶으세요?

사랑은 언제나 모든 것의 중심이 됩니다.

자기가 중심이 되면 사랑이 아니라 욕망입니다.

사랑은 항상 내 생각과 내 능력

그리고 내 욕망을 벗어납니다.

따라서 나에게 사랑을 맞추려 하지 말고

사랑에 나를 맞출 수 있을 때 진정한 사랑이 가능합니다.

사랑할 수 있어서 사랑한다면

그 사랑은 진실하지 못할 것입니다.

세월과 환경 그리고 감정에 따라 변하기 때문입니다.

환경에 따라 바뀌는 것은 욕심일 뿐이고

세월에 따라 바뀌는 것은 환상일 뿐이며

감정에 따라 바뀌는 것은 변덕일 뿐입니다.

사랑하고 싶다고 사랑하지 말고

그 사랑에 부끄럽지 않을 됨됨이를

먼저 갖춰야 하지 않을까요?

우리가 말과 혀로만 사랑하지 말고

행함과 진실함으로 하자.

요한1서 3:18

사랑하지 못하는 이유

우리가 사랑하지 못하는 이유는
마음이 없어서도 아니고
무능해서도 아닙니다.
자기 기준을 내려놓지 않기 때문입니다.

자기 기준을 갖고서는
아무도 이해할 수 없고
아무도 용서할 수 없습니다.

새가 알을 깨고 나오지 않으면 날 수 없듯이
우리도 자기 기준을 깨고 나오지 않으면
아무도 사랑할 수 없습니다.

환영합니다

세상에는 많은 만남이 있습니다.

하지만 이번 만남은

소중한 만남이 되기를 원합니다.

의미 있는 만남이 되기를 소망합니다.

그리고 그 중심에

우리가 있기를 기대해봅니다.

우리는 사랑할 준비가 되어 있습니다.

입술이 아닌 가슴으로 맞을 준비가 되어 있습니다.

우리의 방법이 아니고

여러분의 방식으로 다가가고 싶습니다.

다르게 살아왔던 날들이 무색하게 말입니다.

때로는 어색함에 머뭇거릴 수 있을 겁니다.

때로는 서투름에 아쉬운 순간을 만들지도 모릅니다.

하지만 우리는 진심이 통하는 세상을 믿습니다.

오늘도 우리의 마음을 전할 수 있기를 소원해봅니다.

우리의 만남이 아름다웠다고

추억할 수 있기를 바라면서요.

주님의 이름으로 환영합니다.

세상이 아름답다는 것을 믿습니다

나는 세상이 여전히 아름답다는 것을 믿습니다.

그리고 그 세상이 우리로 인해

더욱 아름다워졌으면 좋겠습니다.

아직은 우리라는 표현이 좀 낯설게 느껴집니다.

그 낯설음은 서로의 장애가 아니라

미래를 향한 기대이며,

불편함이 아니라

더 노력하도록 이끄는 긴장감인 줄 믿습니다.

지나간 날들이 아쉬움으로 점철되어 있기에

다가올 새로운 세상을 한껏 기대해봅니다.

함께한 날들이 또 다른 아쉬움으로 남는다 할지라도

하나님 앞에서는 부끄럽지 않았으면 좋겠습니다.

완전한 사람은 없습니다.

완전한 의도만 있을 뿐입니다.

우리의 실패는

단지 아름다웠던 꿈들을

증명하는 것이 되길 바랍니다.

그리고 우리의 부족과 연약함은

하나님께서 채워주실 줄 믿습니다.

하나님께서 기대하시는 세상을 꿈꾸며.

저와 함께 그 길을 가실래요?

우리에게 기본은 어떤 것일까요?

그것은 어렵고 힘들 때 흔들리지 않도록 해주어야 합니다.

아무리 쌓아올려도 무너지지 않을 만큼 단단해야 합니다.

어떤 일이 다가와도 다시 일어설 수 있도록

서로에게 버팀목이 되어야 합니다.

기초가 없는 삶 위에는 아무것도 쌓을 수 없고

기초가 단단하지 않은 여정은

단지 무너짐을 앞두고 있는 고단함일 뿐입니다.

우리의 근본이요 기초는 하나님의 뜻입니다.

하나님의 뜻은, 우리가 심는 사람으로 사는 것이지

거두는 사람으로 사는 것이 아닙니다.

거두는 것에 목표를 두면 답답해지고

우겨쌈을 당하기 마련입니다.

심는 데서 기쁨을 찾아야지

거두는 데서 기쁨을 찾으면 낙담하고 넘어지기 쉽습니다.

잠시 왔다가 가는 세상에서 해야 할 일은
심거나 물을 주는 일일 뿐이고,
무언가를 거두었다면 그것은 하나님께서 하신 것이지
우리가 한 것이 아님을 잊지 않아야 합니다.

오늘은 어떤 것을 심으셨나요?
내일은 어떤 것을 심을 계획이신지요?
저는 인생의 행복을, 거두는 것이 아닌
심는 데서 찾으려 합니다.
여러분도 저와 함께 그 길을 가실래요?

보고 싶습니다 1

저도 모르게 여러분을 제 마음에 담아두고 있었네요.

어느새 여러분의 숨결을 느끼며

그 호흡 속에서 살아 있음을 확인하고 있었습니다.

다가가면 더 멀리 가는 마음을 보며

힘들어했고

다가오는 마음들을 느끼며

행복에 빠졌었습니다.

그리움도 한 조각의 꿈과 희망도

여러분과 함께하는 삶에서 나옴을

강하게 느낍니다.

잠시 멀리 있지만

여러분을 더 열심히

제 마음에 담고 있습니다.

힘들어하는 형제를 응원하고

기뻐하는 자매와 함께 환호하고 있습니다.

여러분은 뭘 하고 계세요?

주님이 그러셨듯이 우리 함께

서로를 마음에 담고

때로는 친구로

때로는 형제로

때로는 애인으로

때로는 동역자로

수고도 마다하지 않으며

아름다운 세상을 만들어갈까요?

보고 싶습니다.

보고 싶습니다 2

여러분들이 함께하는 모습을 보면

행복에 겨워 웃음이 절로 납니다.

나도 이렇게 좋은데 하나님은 얼마나 기뻐하실지.

자라온 배경과 현재 처한 환경

그리고 미래의 모습까지도 뛰어넘어

어우러지는 그림은 하나님 나라를 연상케 합니다.

우리는 또 다른 도전을 앞두고 있습니다.

감당할 수 있을 만큼의 과제만 허락하실 줄 믿기에

초조함이나 두려움보다 기대감이 앞섭니다.

지금처럼만 서로를 아끼고 사랑한다면

그리고 그리워한다면

환경의 변화는 새로운 행복이고 설렘일 겁니다.

이제 주일이면 여러분을 볼 수 있겠네요.

마지막날에 주님 만나기를 사모하는 것 같은 심정입니다.

저에게 기쁨이 되어주신 여러분은

하나님께도 큰 기쁨이 되리라 확신하기에

더 크고 넓은 꿈을 품을 수 있을 것 같습니다.

고맙습니다.

그리고 사랑합니다.

그래서 보고 싶습니다.

인생의 큰 행복

함께 기도하는 사람들이 있다는 것은
인생에 큰 행복입니다.

우리는 본질적으로 불합리하고
비논리적으로 자기중심적입니다.
그런데 함께 기도하면
철저하게 이타적인 사람으로 성숙해갑니다.

남을 배려한다는 것이 어떤 것인지
따뜻한 마음이 어떤 것인지
소중한 존재가 된다는 것이 어떤 것인지
가슴 깊이 느껴갑니다.

멀리 있든 가까이에 있든
동일하게 여러분이 보고 싶습니다.
여러분은 제 인생에 행복입니다.
예수님께서 제 인생에 행복이듯 말입니다.

오늘도 여러분들 얼굴이 스치듯 지나가며

설레게 하네요.

힘든 일이 있으세요?

힘든 일 있으세요?

그것은 우리가 살아 있으며

열심히 살고 있다는 것을 뜻합니다.

그리고 뭔가 원하는 것이 있다는 것을 의미합니다.

우리는 길을 가는 사람들입니다.

그 길의 종류가 다를 뿐

모두가 어딘가로 나아가고 있습니다.

어떤 이는 마음 가는 대로

어떤 이는 몸이 가는 대로

또 어떤 이는 남이 가는 대로 갑니다.

때론 주저앉고 때론 눕기도 하며

때론 쓰러지기도 하고 때론 포기하고 싶지만

그 길을 가는 이유를 안다면

힘들지만은 않을 겁니다.

아니, 오히려 행복하겠지요.

오늘도 살아야만 하는 이유를 되뇌어봅니다.

끝도 없어 보이는 길을 마음에 담은 것을 곱씹으며

또 한 걸음 내딛습니다.

어제보다는 한 걸음 더 나아갔다는 감사함을 잊지 않으면서요.

여러분은 혼자 가고 있지 않습니다.

서로를 볼 수 없다 할지라도

같은 길에 서서 함께 울며 힘들어하고

같이 기뻐하며 즐거워하고 있습니다.

환희에 찬 여러분을 보면 저도 힘이 납니다.

여러분도 저의 모습을 보면 힘이 날 수 있도록

다시 용기를 내어봅니다.

우리의 소망이신 하나님을 느끼면서요.

주님 안에서 사랑합니다.

기도하기를 배운다면

여러분이 기도하기를 배운다면 두려울 것이 없겠습니다.

힘든 일이 많은 세상입니다.

답답한 것이 산적해 있는 세상입니다.

때로는 어려움 외에는 없는 것처럼 보입니다.

그러나 그 모든 것은

하나님 앞에 무릎 꿇어야 한다는 것을 의미할 뿐입니다.

우리는 의외로 잘하고 있는 것들이 많습니다.

못난 구석이 많은 데 비해서

제법 그럴듯하게 살고 있습니다.

우리 자신과 삶에서

좋은 부분을 볼 줄 아는 지혜가 필요합니다.

기도를 감사로 채우기 위해서입니다.

나를 성장시키시는 하나님의 은혜를 잊지 않기 위해서입니다.

삶 자체가 행복임을 인식하기 위해서입니다.

크리스천의 즐거움의 근원은 기도임을 뼈저리게 느끼고

계속되는 망각 가운데서 깨닫습니다.

기도하지 않으면 모든 것이 힘들기만 합니다.

기도로 하루를 시작하는 법과 하루를 보내는 법

그리고 하루를 마무리하는 법을 배운다면

저는 두려울 것이 없겠습니다.

기도하는 사람이 되는 것은 이 세상을 사는 참 지혜입니다.

갑갑한 세상을 시원하게 사는 방법입니다.

세상의 아름다움을 볼 줄 아는 능력입니다.

정확히 말하면 기도는 요령이나 기술이 아니고

크리스천의 존재 자체입니다.

날개를 가진 새가 날아갈 때 가장 새답듯이

우리는 기도할 때 가장 크리스천답습니다.

할 수 있는 것을 할 때 가장 행복합니다.

해야만 하는 것을 할 때 가장 편안합니다.

이제 기도로 하루를 시작해볼까요?

미안합니다

우리는 매일 그리고 순간순간마다

우리 자신을 증명하며 살아갑니다.

자신의 말과 행동 그리고 살아가는 모습이

그냥 흘러가는 것이 아니고

누군가의 머리와 가슴에 각인되고

지워지지 않는 흔적으로 남는데

그것을 인식조차 못 하고 살아갑니다.

우리는 어떤 것을 증명하며 살아야 할까요?

넉넉한 마음,

하나님을 향한 순수함,

냉랭함을 녹이는 따뜻한 성품,

모두가 원하는 것들인데

왜 우린 이러한 것들을 갖지 못할까요?

못된 성품을 가져서가 아니라 몰라서 그럴 겁니다.

구제불능이라서가 아니라

단지 각오하고 결심하지 않았기 때문일 겁니다.

오늘은 또 무엇을 증명하며 살았을지 두렵습니다.

잠시 모든 것을 내려놓고

우리 자신의 부족함에 마음 아파했으면 합니다.

너그럽지 못한 삶의 걸음들을 후회했으면 합니다.

무관심 때문에 힘이 되어주지 못한 순간들을

못내 아쉬워했으면 합니다.

그래서 우리들 모두 한 사람도 빼놓지 않고

아름다울 수 있기를 소망합니다.

어제보다 오늘의 모습이 그리고 오늘보다 내일의 모습이

더 훌륭할 수 있기를 바랍니다.

힘들어하는 지체들을 알아보지 못해 미안합니다.

갈등이 있는 형제자매를 시원하게 해주지 못해

무능함을 느낍니다.

최선을 다함에도 절박한 필요를 채워주지 못해

낙심되기까지 합니다.

그러나 귀하고 소중한 여러분들을 위하여
좀 더 분발하고 싶습니다.
자랑스럽고 늘 보고 싶은 여러분들을 위하여
조금 더 열심히 뛰고 싶습니다.

미안함에 머물지 않고 사랑함에 머물겠습니다.
함께했던 순간들이 서로에게 잊기 싫은 추억이 되고
다시 만들고 싶은 아름다운 순간들이 되도록.

혹시 지금 외로우세요?

사람은 본질적으로 외로운 존재입니다.

그래서 외로움은 누구도 피할 수 없는 아픔의 자리 같습니다.

때로는 공허함으로 다가와

무언가를 미치도록 갈망하게 합니다.

어떤 때는 우울함으로 찾아와

걷기는커녕 일어설 힘조차 없게 합니다.

그것은 채울 수 없는 빈자리여서

견딜 수 없는 목마름을 느끼게 합니다.

그래서 우리는 그곳을

무분별하게 사람으로 메우려 합니다.

명예나 재물로 덮으려 합니다.

말초신경을 자극하여 잊으려고 몸부림쳐봅니다.

이 과정 중에 도덕성이나 인간됨 더 나아가 그리스도인됨과는

거의 상관없는 존재가 되기도 합니다.

하지만 외로움은 하나님을 위한 자리입니다.

다른 것으로는 해결할 수 없는

하나님과의 소통의 자리입니다.

혹시 외로움을 느끼세요?

하나님께서 보고 싶어 하신다는 증거입니다.

무언가 우리를 위하여 해주길 원하신다는 신호입니다.

새로운 계절의 문턱에서 외로움을 진하게 느낀다면

하나님께 다가갈 준비가 된 것이겠지요.

오늘 조용히 무릎 꿇는 시간을 내어드리면

우리의 외로움은 어느덧 하나님의 은혜와 사랑이 되어

모든 것을 가진 축복의 사람으로 설 것입니다.

따스한 기운이 느껴지는 이 계절에 함께 기도하고 싶습니다.

아름다운 만남을 위하여

만남은 준비가 필요합니다.

만남 자체가 아픔이 될 수 있기 때문입니다.

준비되지 않은 만남은 슬픔으로 끝나기 쉽기 때문입니다.

서로를 위하여 준비된 내가 될 때

만남은 아름다워지기 때문입니다.

언젠지 모를 만남을 위하여 밝은 마음을 준비하고

만남의 소중함을 위하여 따뜻한 마음을 준비하며

언제 찾아올지 모를 이별을 위하여

성숙한 마음을 준비해야 합니다.

아름다운 만남이 되려면 헤어짐도 준비해야 합니다.

모든 만남은 헤어짐을 전제로 하기 때문입니다.

서로에게 좋은 것만 담아두고 나쁜 것은 끊임없이 덜어낼 때

헤어짐까지도 소중해질 것입니다.

내가 주는 것이 있다면 상처가 아니고 축복이었으면 합니다.

당신에게 남는 것이 있다면 불평이 아닌 감사였으면 합니다.

서로에게 부끄러움이 아닌 자랑거리가 될 수 있도록

모든 순간을 진실과 열정으로 대했으면 합니다.

헤어짐이 아픔일 수는 있지만 슬픔은 아니었으면 합니다.

덜 나쁜 선택이 아니라 더 나은 선택이었으면 합니다.

우린 그냥 추억을 만들었고 또 다른 추억을 준비할 뿐입니다.

그래서 우리의 동행은 끝나지 않았다고 믿고 싶습니다.

허전한 마음을 메울 길이 없어도

놓아줌이 미움이 아닌 사랑이기를 소원해봅니다.

어디에 있든지 서로를 생각하며

오히려 힘이 될 수 있기를 소원해봅니다.

새로운 하루를 허락하신 하나님이

다시 또 멋진 만남을 허락하실 줄 믿습니다.

가장 큰 축복

하나님께서 우리에게 주신 가장 큰 축복은
함께하는 사람들입니다.

그리고 그 축복을 누리는 유일한 비결은
하나됨입니다.
예수님 안에서 하나가 되기 위하여
모든 노력을 기울이십시오.

하나가 되지 못하므로 기쁨이 슬픔이 되고
하나가 되지 못하므로 천국이 지옥이 됩니다.

만일 하나됨의 축복을 누리고 있다면
이 땅에서 하나님 나라의 삶을 누리는 중입니다.

혹시 짜증나세요?

혹시 누군가로 인해 짜증나세요?
그것은 그 사람이 못돼서라기보다는
내가 속이 좁아서 그런 것이 아닐까요?

혹시 누군가에게 상처받으셨나요?
그것은 그 사람이 나빠서라기보다는
내가 이기적이어서 그런 것이 아닐까요?

아픔의 대부분이 내 탓이라는 것만 알아도
훨씬 더 큰사람이 될 수 있습니다.
마음을 좀 더 키워보는 하루를 열지 않으실래요?

우리를 힘들게 하는 것들

우리를 힘들게 하는 것은

다른 사람이나 상황이 아니라

우리 자신의 좁은 마음인지도 모릅니다.

그 좁은 마음이 세상의 아름다움을

보지 못하게 하는 것 같습니다.

집의 크기는 늘려가려고

그렇게 애를 쓰면서

마음의 크기에는 왜 신경 쓰지 않는지.

실수나 잘못에도

"야, 잘 좀 해봐"라고 말하며

웃을 수 있는 넉넉함이 그립습니다.

부러워할 만한 모습에

"난 네가 자랑스러워"라고 말하며

엄지손가락을 치켜들 수 있는
여유가 간절합니다.

오늘도 굳어지는 표정과
움츠러드는 마음에
힘들어집니다.

여러분의 마음은 어떠세요?

사랑은 아픔입니다

사랑은 아픔입니다.
사랑하는 만큼 아프고
아픈 만큼 사랑은 애절해집니다.

사랑하는 이의 아픔에 더 아파하고
그 아픔으로 인해 사랑은 더 깊어집니다.

그래서 아픔은 행복인가 봅니다.
누군가 나를 위해 진심으로 울어주고
그 아픔을 공유하면
비로소 하나가 되기 때문일 겁니다.

사랑하면 아픔도 행복인 것을
이제야 조금씩 알아갑니다.

사랑하면

사랑하면

더 그리워하고

더 아파하며

더 외롭고

더 힘들어해야 합니다.

그래서 사랑은 성숙한 사람의 전유물인 것 같습니다.

그래도 사랑이 좋은 이유는

살아 있음을 느끼게 해주기 때문입니다.

그 모든 어려움에도 불구하고

행복하게 해주기 때문입니다.

사랑은 평범한 사람이 감당하기엔

너무 큰 선물인 것 같습니다.

나를 사랑하세요?

나를 사랑하세요?

그럼…,

나를 안아줄 수 있을 만큼 사랑하세요?

그럼…,

나에게 키스해줄 수 있을 만큼 사랑하세요?

그럼…,

내 엉뚱한 질문에 모두 대답해줄 수 있을 만큼 사랑하세요?

그럼…,

그렇다면 왜 그걸 보여주진 않죠?

…

마음에 담고만 있지 말고 그 사랑을 보여주세요.

어른이 되어가세요

자신의 필요에 집중하면

불필요한 사람이 되어가고

타인의 필요에 집중하면

없어서는 안 되는 사람이 되어갑니다.

자신만을 위해 사는 이기적인 세상에서

없어서는 안 되는 사람이 바로 어른입니다.

나이가 들수록 늙어가지만 말고 어른이 되어야겠습니다.

사랑은 존재만으로도 아름답습니다

쾌락을 위한 사랑은 공허함으로 끝이 나고

소유를 위한 사랑은 상처로 끝이 납니다.

사랑은 수단이 아닌 목표가 될 때

비로소 그 아름다움을 드러냅니다.

사랑은 그 자체만으로 아름답기 때문입니다.

다가가기 힘든 사람이 있나요?

다가갈수록 뒷걸음치는 사람은 상처가 많은 사람입니다.
다가갈수록 꼬이기만 하는 사람은 한이 많은 사람입니다.
다가갈수록 상처를 주는 사람은 연약한 사람입니다.

다가가기 힘든 사람은 더 많은 사랑이 필요할 뿐이지
나쁜 사람도 악한 사람도 아닙니다.

사랑은 한 걸음만 다가가고
상대방을 위해 기다려주는 것이 아닐까요?

무엇을 남기고 계세요?

가수는 노래를 남기고

학자는 책을 남기며

시인은 시를 남기듯이

크리스천은 사랑을 남겨야 합니다.

우리의 모든 걸음이 사랑이게 하소서.

사랑을 지키고 계세요?

어떤 상황에서든 사랑을 지키면

사랑은 반드시 행복으로 보답합니다.

어떤 이유로든 사랑을 지키지 못하면

사랑은 반드시 불행으로 보답합니다.

그래서 행복한 사람은 사랑할 이유를 찾고

불행한 사람은 미워할 이유를 찾습니다.

상처

누군가에게 받은 상처 때문에 힘드세요?

그렇다면 꼭 기억해야 할 것이 있습니다.

상처받지 않는 것보다

상처주지 않는 것이 더 큰 복이란 사실입니다.

남에게 상처주고 나서 아무렇지도 않은 듯 지내는 것은

인생에서 큰 비극입니다.

따라서 상처받지 않는 것보다

상처주지 않는 것에 더 기뻐할 줄 알아야 합니다.

상처받지 않는 것에 초점을 맞추면

점점 더 불행해지지만

상처주지 않는 것에 초점을 맞추면

점점 더 행복해질 것입니다.

사랑하는 사람이 떠날까 봐 걱정되세요?

우리는 사랑을 원한다고 하면서도

좋아해주길 원합니다.

자신이 예쁘거나 멋있기 때문에

자기 옆에 머물기를 기대합니다.

그리고 자신의 부족함이 드러나면

사랑하는 사람이 떠날 것을 걱정합니다.

그러나 사랑은 사랑의 대상이

완벽해서 사랑하는 것이 아닙니다.

싫어하는 것은 사랑의 또 다른 이유일 뿐입니다.

실망하는 것도 사랑의 또 다른 이유일 뿐입니다.

상처받는 것도 사랑의 또 다른 이유일 뿐입니다.

사랑한다면 영원히 머무르겠지만

좋아한다면 언젠가는 떠날 겁니다.

우리는 누군가의 마음을 계속 붙잡아둘 정도로

완벽하지 않기 때문입니다.

누군가가 당신 옆을 변함없이 지키고 있다면

그는 분명히 당신을 사랑하고 있습니다.

그 사람을 사랑하고 사랑하고 또 사랑하십시오.

기다림은 희망입니다 1

삶은 기다림만으로도 아름답습니다.

추수를 앞둔 농부의 설렘

사랑하는 남편을 맞이하려는 아내의 분주함

시험을 기다리는 고시생의 고달픔

주인을 생각하며 모든 것을 잊는 애견의 충정

속도와 효율이 최고의 가치라 여김받는 시대이기에

간편함, 손쉬움, 시간 절약, 경제성 등의 이유로

기다림은 무료함이나 낭비로 여겨집니다.

그러나 기다림은 성숙입니다.

나른한 봄날과 찌는 듯한 여름날을 견뎌야 열매가 되듯

우리의 마음도 지루함과 고통의 시간을

견디며 자라기 때문입니다.

기다림은 선물입니다.

지루하고 힘든 기다림이 열매의 소중함을 알게 하듯

냉정한 세상에서의 기다림이
사랑하는 사람의 소중함을 알게 하기 때문입니다.

기다림은 희망입니다.
그리움은 지나간 과거에 불과하지만
기다림은 삶의 한 부분으로서의 미래이기 때문입니다.

누군가를 애타게 기다리고 있다면
당신의 사랑은 깊어지고 있습니다.
뭔가를 간절히 기다리고 있다면
당신의 바람은 현실이 되어가고 있습니다.

잊지 마십시오.
소유나 성취가 아니라
오랜 기다림이 우리의 삶을 아름답게 합니다.
그래서 기다림은 희망입니다.

기다림은 희망입니다 2

기다림은 희망입니다.
오늘을 설렘으로 살게 하고
아픔을 추억으로 만들어주기 때문입니다.

기다림은 실상입니다.
보이지 않는 것을 보게 하고
느낄 수 없는 것을 느끼게 하기 때문입니다.

기다림은 특권입니다.
뿌린 사람만 가질 수 있고
가꾸는 사람만 누릴 수 있기 때문입니다.

기다림은 행복입니다.
답답함을 평안이 되게 하고
두려움을 흥분으로 바꿔주기 때문입니다.

모든 기다림이 끝나서 더 이상의 기다림이 없을 때

하나님과 또 누군가에게 자랑거리로 남고 싶습니다.

기다림이 아무리 힘겨워도 힘을 내십시오.

기다림이 없이는 아무것도 이룰 수 없고

기다림이 없이는 어떤 목적지에도 도달할 수 없습니다.

진정한 친구가 볼 수 있는 것들

당신의 미소 뒤에 숨겨진 슬픔

당신의 분노 뒤에 숨겨진 사랑

당신의 거절 뒤에 숨겨진 진심

당신의 침묵 뒤에 숨겨진 주장

이런 것들을 볼 수 있는 친구가 있으신지요?

그리고 당신은 그런 친구인지요?

감사와 불평

감사와 불평은 어떤 일의 끝이 아니라 시작입니다.

감사는 창조의 시작이고 불평은 파괴의 시작입니다.

감사는 행복의 시작이고 불평은 불행의 시작입니다.

감사는 희망의 시작이고 불평은 절망의 시작입니다.

감사는 기쁨의 시작이고 불평은 슬픔의 시작입니다.

감사는 천국의 시작이고 불평은 지옥의 시작입니다.

감사와 불평은 어디에 초점을 맞추느냐에 따라 결정됩니다.

그리고 그 결정은 우리 인생의 이야기가 됩니다.

사랑은 감정이 아니라 의무입니다

감정 없이 억지로 사랑하는 것이 싫다고요?
미련한 생각하지 마십시오.

남편이 아내를 사랑하는 것
아내가 남편을 사랑하는 것
자식이 부모를 사랑하는 것
백성이 나라를 사랑하는 것
왕이 백성을 사랑하는 것
크리스천이 하나님을 사랑하는 것

이 모든 것을 감정의 영역에 남겨놓을 때
세상은 혼돈과 악이 됩니다.

그러나 사랑하고 싶어서 사랑하는 것이 아니라
사랑해야 하기 때문에 사랑한다면
우리의 사랑은 아름다운 세상을 만들어 갈 것이고
우리는 어느새 가장 행복한 세상에서 살고 있을 겁니다.

한 남자와 한 여자

소나무와 같은 남자가 있습니다.
언제나 변함없고 항상 제자리를 지키며
험한 세상에서 버팀목이 되어줍니다.

하지만 여자는 따뜻한 이불과 같은 남자를 원합니다.
현실이 너무 춥고 아프기 때문입니다.
서로를 바라볼수록 점점 더 힘이 듭니다.

시간이 흐르면서 서로에게 바라는 것이 아니라
서로를 인정할 때 행복이 머문다는 것을
조금씩 알아갑니다.

천국과 지옥의 차이

다른 사람을 통해 내가 행복하려고 하면

지옥이 되지만

나를 통해 다른 사람이 행복하게 하려고 하면

천국이 됩니다.

이것이 쉽냐고요?

진정한 예배자로 서서

하나님이 기쁨의 근원이 될 때만 가능합니다.

남녀관계의 정석

사랑하는 남자를 떠나지 못하게 하려면

그가 우스워 보일 때도 그를 존경해주십시오.

당신이 우습게 여기는 순간부터

그 남자는 떠날 준비를 합니다.

남자는 사랑하는 사람에게 존경받을 때

가장 행복하기 때문입니다.

사랑하는 여자를 떠나지 못하게 하려면

그녀가 하찮아 보일 때도 그녀를 사랑하십시오.

당신이 하찮게 여기는 순간부터

그 여자는 떠날 준비를 합니다.

여자는 존경하는 사람에게 사랑받을 때

가장 행복하기 때문입니다.

사랑은 빛을 주는 것

어둠을 어둠으로 해결할 수 없듯이
미움을 미움으로 해결할 수 없습니다.
어둠 가운데 있다면 빛을 찾아야 하고
미움 가운데 있다면 사랑을 찾아야 합니다.

사랑은 단순히 위로해주는 것이 아니고
어둠속에 있는 사람에게 빛을 주는 것입니다.
우리가 주위 사람들을 조건 없이 사랑한다면
우리는 이미 이 시대의 등불입니다.

소중히 여기세요?

가정을 소중히 여기지 않는 사람이
가정에서 소중한 사람이 될 수 없습니다.

교회를 소중히 여기지 않는 사람이
교회에서 소중한 사람이 될 수 없습니다.

상대방의 소중함을 모르는 사람이
그 사람에게 소중한 존재가 될 수 없습니다.

하나님은 소중한 것을 소중히 여기는 사람에게
소중한 것을 허락하십니다.

사랑하면 벙어리가 됩니다

사랑하면 벙어리가 됩니다.

그래서 얼마나 사랑하는지 말할 수는 없지만

그 대신 얼마나 사랑하는지 보여줄 수는 있습니다.

당신 앞에서 아무 말 하지 못하는 사람을 눈여겨보세요.

그는 당신을 정말 사랑하고 있을지도 모릅니다.

삶의 신비

누군가의 슬픔을 안아줄 수 있나요?

어떤 슬픔도 안아주면 기쁨이 되지만

어떤 기쁨도 외면하면 슬픔이 됩니다.

이러한 삶의 신비를 기억하십시오.

동일한 상황에서

옆에 있는 사람이 어떻게 하느냐에 따라

삶은 행복일 수도 있고 불행일 수도 있습니다.

약자가 되십시오

강자만 득실거리는 교회는 곧 무너집니다.

강자만 우글거리는 하나님 나라는 존재하지 않습니다.

칭송받고 찬양받으려는 존재만 모이는 곳에는

절대로 하나님이 계시지 않습니다.

강해지려고만 하지 말고 약자가 되십시오.

더 져주는 약자가 되십시오.

더 사랑하는 약자가 되십시오.

더 자랑스러운 약자가 되십시오.

그러면 하나님의 능력이 곁에 머물 것입니다.

하나님은 우리의 약함을 통해 일하십니다.

하나님은 이러한 약자를 기뻐하십니다.

우리의 약함은 하나님이 일하시는 자리입니다.

사랑은 기적입니다

우리가 서로 사랑한다는 것은 기적입니다.

가장 아름다운 기적이고

가장 놀라운 기적이며

가장 위대한 기적입니다.

사랑으로 치유되지 않는 상처는 없기 때문입니다.

사랑으로 해결되지 않는 문제는 없기 때문입니다.

사랑으로 무너지지 않는 장벽은 없기 때문입니다.

사랑은 모든 의심을 믿음으로 바꿔주기 때문입니다.

사랑은 모든 절망을 희망으로 바꿔주기 때문입니다.

사랑은 모든 불행을 행복으로 바꿔주기 때문입니다.

그래서 사랑은 가장 소중한 기적입니다.

진정한 사랑

사랑만큼 설레는 것도 없지만

사랑만큼 아픈 것도 없습니다.

아픔도 행복으로 여기는 것이 진정한 사랑입니다.

어둠 없이 별이 빛날 수 없듯이

어려움 없이 사랑이 빛날 수 없습니다.

사랑은 멋지고 그럴듯한 일을 하는 것이 아니고

귀찮고 초라한 일을 하는 것입니다.

그래서 사랑은 설렘으로 시작하여

아픔으로 완성됩니다.

아픔을 잘 극복하는 것이 진정한 사랑입니다.

어떤 때인지 아세요?

지금 어떤 상황이세요?

물이 없을 때가 가장 물이 필요한 순간이듯이

이해되지 않을 때가 가장 이해해야 할 순간이고

양보하고 싶지 않을 때가 가장 양보해야 할 순간이며

용서할 수 없을 때가 가장 용서해야 할 순간이고

사랑하고 싶지 않을 때가 가장 사랑해야 할 순간입니다.

아무리 좋은 것이라도 때를 놓치면 무의미합니다.

인간관계에서 상처받으세요?

사람과의 관계에서 상처받는 것은 어쩔 수 없는 현상입니다.
따라서 반드시 기억해야 할 것들이 있습니다.

상처를 주지 않으려는 사람은 있지만
상처를 안 주는 사람은 없습니다.

상처를 받지 않으려는 사람은 있지만
상처를 받지 않는 사람은 없습니다.

모두가 상처를 주고 상처를 받습니다.
따라서 사랑하려면 상처를 견뎌야 합니다.

인간관계를 지속하려면
상처를 견딜 줄 알아야 합니다.

사랑은 상처를 견딤으로 깊어지고
인간관계는 상처를 견딤으로 단단해집니다.

사랑받기 위하여 상처받는 것이 아니라

사랑하기 위하여 상처받는 것이라면

오히려 기뻐하십시오.

어느 날

어느 날, 울고 싶으면 문자해.

널 웃게 해주진 못하겠지만

같이 울어줄게.

어느 날, 멀리 떠나고 싶으면 문자해.

널 말리진 못하겠지만

같이 가줄게.

어느 날, 기쁜 일이 있으면 문자해.

너에 비해 난 아직 초라하지만

마음 깊이 축하해줄게.

어느 날, 실컷 노래하고 싶으면 문자해.

네가 부르는 노래를 잘 몰라도

끝까지 손뼉 쳐줄게.

어느 날, 만나고 싶지 않은 사람이 있으면 문자해.

너 대신 나가서
조용히 있다가 올게.

그런데 어느 날 문자를 해도 아무 반응이 없으면
나한테 빨리 와주겠니?
그땐 아마도 네가 내게 정말 필요한 때일 거야.

내어줌

세상에서는 많이 가진 사람을 크다고 하지만
하나님 나라에서는 많이 내어준 사람을 크다고 합니다.

우리의 소유는 내어줄 때만
진정한 가치가 드러나기 때문입니다.

따라서 크리스천은 내어줌이
인생의 목적이요 방향이어야만 합니다.

정의로서의 사랑

사랑은 좋거나 싫음의 문제가 아니라
옳고 그름의 문제입니다.
사랑은 감정의 문제가 아니라
책임의 문제이기 때문입니다.

백성이 나라를 사랑하는 것
자식이 부모를 사랑하는 것
남편이 아내를 사랑하는 것
사람이 사람을 사랑하는 것
성도가 교회를 사랑하는 것

이 모든 것은 감정놀이가 아니고 책임이며 정의입니다.
미움이란 감정 때문에 사랑을 포기하면 안 됩니다.
싫음이란 감정 때문에 사랑을 포기하면 안 됩니다.
감정으로서의 사랑은 서로를 병들게 하지만
정의로서의 사랑은 서로를 건강하게 합니다.

사람 간의 갈등을 푸는 법

갈등은 대화로 푸는 것이 아니라

이해와 양보로 푸는 것입니다.

이해가 없는 대화는 논쟁에 불과하고

양보가 없는 대화는 더 큰 갈등의 전초전에 불과합니다.

특별히 남녀 간의 문제는 대화로 풀어지지 않습니다.

관점과 접근방식이 너무 다르기 때문입니다.

부부 사이는 문젯거리를 놓고 대화를 하면 할수록

점점 더 꼬이게 되어 있습니다.

대화가 되는 것이 비정상이고 안 되는 것이 정상입니다.

만일 별 노력을 하지 않았는데도

문제가 쉽게 해결된다면

상대방이 인격적으로 대단히 성숙해 있거나

두 사람 다 혹은 한 사람이 눈에 콩깍지가 씌었기 때문입니다.

하지만 이러한 상황에 의존하지 마십시오.

그 관계는 오래 지속되기 어렵습니다.

모든 대화의 근본은 이해와 양보입니다.

그렇다면 이해는 무엇입니까?

이해 안 되는 것을 이해하는 것이 이해입니다.

우리가 갖게 된 생각과 가치관의 배경을

이해하기는 어렵습니다.

양보는 무엇입니까?

양보가 안 되는 것을 양보하는 것이 양보입니다.

양보할 만한 것이었으면 싸우지도 않습니다.

상실의 기쁨

하나를 잃어버림은

더 좋은 것을 얻는 기쁨에 불과하고

한 사람과 헤어짐은

더 멋진 사람과 만나는 기쁨에 불과합니다.

하나님의 선하심을 믿는다면

상실의 고통이 기쁨이 된다는 것도 믿어야 합니다.

더 좋은 것을 사모하십시오

사랑받는 것도 좋지만

사랑하는 것이

더 좋습니다.

이해받는 것도 좋지만

이해하는 것이

더 좋습니다.

용서받는 것도 좋지만

용서하는 것이

더 좋습니다.

섬김을 받는 것도 좋지만

섬기는 것이

더 좋습니다.

시간이 지날수록 늙어가는 사람과

어른이 되어가는 사람이 있는데

더 좋은 것을 안다는 것은

어른이 되었다는 증거입니다.

너희는 더욱 큰 은사를 사모하라.

내가 또한 가장 좋은 길을 너희에게 보이리라.

고린도전서 12:31

사랑하게 되셨나요?

사랑하게 되셨나요?
이제는 그 사랑을 유지하십시오.

사랑에 빠지는 것은 선택이 아니지만
사랑을 유지하는 것은 결단입니다.

우연히 사랑을 유지하는 사람은 없습니다.
사랑은 오직 노력에 의해서만 유지됩니다.

사랑은 더 사랑하는 것입니다

사랑을 설레고 짜릿하며
달콤한 것이라고 생각한다면
남는 것은 상처밖에 없을 것입니다.

사랑은 화려한 것이 아니라
무릎을 꿇고 허리를 숙이는 것입니다.

사랑은 두근거림이 아니라
상처를 무릅쓰고 이해하는 것입니다.

사랑은 싫어지면 떠나는 것이 아니라
더 사랑하는 것입니다.

사랑한다면 당신은 여전히 친절하며
여전히 아름다울 것입니다.

어떤 사람이세요?

사랑하는 사람을 사랑하면

당신은 그냥 평범한 사람입니다.

미워하는 사람을 사랑하면

당신은 이미 승자입니다.

그리고 약자를 사랑하면

당신은 이제 성자입니다.

남 탓할 필요 없습니다

적은 내가 등을 돌린 순간부터 적이고

문제는 내가 문제로 여기기 시작한 순간부터 문제이며

이별은 내가 기다림을 끝내는 순간부터 이별입니다.

헤어지려는 사람은 헤어질 이유를 찾고

떠나려는 사람은 떠날 이유를 찾으며

머물려는 사람은 머물 이유를 찾습니다.

모든 것이 우리 자신에게 달려 있으니 남 탓할 필요 없고

이런저런 이유로 합리화할 필요도 없습니다.

변명한다고 누가 알아주지도 않고

핑계 댄다고 누가 인정해주지도 않습니다.

자신의 삶을 스스로 책임지며 부끄럽지 않게 살아야 합니다.

무엇을 품고 있으세요?

품고 있는 것이 우리의 모습을 결정합니다.

불평을 품으면 불평이 드러나고

감사를 품으면 감사가 드러납니다.

악을 품으면 악이 드러나며

선을 품으면 선이 드러납니다.

돈을 품으면 돈이 드러나고

사람을 품으면 품고 있는 사람이 드러납니다.

크리스천은 예수님을 품어

그분이 드러나게 하는 사람입니다.

아름다운 삶의 시작

우리의 삶이 아름답지 못한 이유는 무엇일까요?

자기 눈에 있는 들보는 보지 못하고

남의 눈에 있는 티만 보기 때문입니다.

상처를 열 번 주고도

한 번 상처받은 것만 생각하기 때문입니다.

열 마디 하고 나서도

한마디 들은 것만 기억하기 때문입니다.

자신을 돌아보는 것이 아름다운 삶의 시작입니다.

사랑의 자리

감정에 머무는 사랑은 잠시 좋았다가
영원한 아픔이 되지만
인격에 머무는 사랑은 잠시 힘들다가
영원한 기쁨이 됩니다.

상대방을 사랑하는 자신의 감정을 사랑하지 말고
상대방 자체를 사랑하십시오.

당신의 사랑은 어디에 머물고 있나요?
잠시 있다가 없어지는 자리에 방치하지 마십시오.
사랑은 감정이 아니라 인격일 때만 진실입니다.

사랑하는 법을 배우세요

세상에서 제일 쉬운 것은

사랑하는 사람을 사랑하는 것입니다.

세상에서 제일 행복한 것은

사랑하는 사람과 함께 있는 것입니다.

그러나 세상에서 제일 어려운 것은

사랑하는 사람을 되찾는 것입니다.

사랑하는 사람을 잃기 전에

사랑하지만 말고 사랑하는 법을 배워야 합니다.

가족

가족은 우리의 인생에 주어진 하나님의 선물입니다.

그 선물을 받기 위해 우리가 한 것은 아무것도 없습니다.

그 선물을 주신 분을 항상 기억하고

그 선물을 언제나 소중히 여기며

그 선물을 통해 다른 사람을 사랑하는 법을 배울 때

우리는 외롭고 힘겨운 이들에게

하나님의 또 다른 선물이 됩니다.

가장 행복한 사람

모든 사람이 당신을 좋아한다면
당신은 삶 속에서
많은 것을 양보했을 것입니다.

당신이 모든 사람을 좋아한다면
당신은 다른 사람들의 모난 부분을
많이 참아줬을 것입니다.

조금씩 양보하고 조금씩 참고 넘어가 줄 줄만 알아도
당신은 이 세상에서 가장 행복한 사람입니다.

혹시 상처받으셨나요?

상처가 없는 사람은 없습니다.

어떤 사람은 그 상처를 붙잡고 그 상처를 오히려 키우고

어떤 사람은 그 상처를 붙잡고 남에게 더 큰 상처를 줍니다.

그러나 어떤 사람은 그 상처를 붙잡고

남을 이해하며 용서하는 법을 배웁니다.

하나님을 사랑하라

2

왜 목사가 되었느냐고요?

왜 목사가 되었느냐고요?

하나님만큼이나 사람을 사랑해서요.

하나님만 사랑했으면 수도승이 되었겠지만

하나님만큼이나 사람이 좋아서 목사가 되었습니다.

하나님을 사랑하는 것과

사람을 사랑하는 것이

다르지 않음을 믿습니다.

그래서 마음에 슬며시 찾아드는 미움을 넘고 싶습니다.

어느 틈엔가 찾아와

힘들게 하는 시기심을 극복하고 싶습니다.

원망도 불평도 불만도

제게 장애가 되지 않기를 소원해봅니다.

이제는 몸의 장애보다

마음의 장애가 무서워졌음에 감사하고 싶습니다.

몸이 불편한 것은

그냥 불편할 뿐이지만

보이지 않는 마음의 장애는

사람과 사람을 갈라놓고

다른 사람을 어렵고 힘들게 하는 차별을 만들기 때문입니다.

나를 목사가 되게 하신

그 큰 기적에 감사하며 사랑하는 삶을 살겠습니다.

그 큰 부르심을 마음에 담고

순간순간의 발걸음이 사랑이 되게 하겠습니다.

사명

누군가의 뒷모습이 보이기 시작하면

사랑이 시작된 겁니다.

눈을 감아도 그 사람이 보인다면

사랑에 빠진 겁니다.

그리고 그 사람을 위해 죽을 수도 있다면

그것은 사명입니다.

세상에는 그냥 죽어가는 사람과

뭔가를 위해 생명을 내어주는 사람이 있습니다.

재물을 위해 죽을 수 있는 사람,

자식을 위해 죽을 수 있는 사람,

조국을 위해 죽을 수 있는 사람,

그리고 하나님 나라를 위해 죽을 수 있는 사람.

한 번뿐인 인생,

그냥 죽어가지 않고 하나님 나라의 거름이 되겠습니다.

내가 진실로 진실로 너희에게 이르노니

"한 알의 밀이 땅에 떨어져 죽지 아니하면

한 알 그대로 있고

죽으면 많은 열매를 맺느니라."

요한복음 12:24

하나님이 사랑하실 때

하나님은 욥이 부유하고 화려할 때가 아니라
지독히도 망가지고 별 볼 일 없을 때
가장 자랑스러워하셨습니다.

하나님은 다윗이 모든 전쟁에서 승승장구하며
춤을 출 때가 아니라
몹시 슬퍼하며 밤새도록 눈물로 침상을 적실 때
여디디야(솔로몬)를 주시며 가장 사랑하셨습니다.

하나님의 은혜는 우리가 정상에 있을 때나
바닥에 있을 때나 동일합니다.
그러나 하나님의 사랑은 우리가 가장 힘들어할 때
가장 빛이 납니다.

> 선지자 나단을 보내 그의 이름을 여디디야라 하시니
> 이는 여호와께서 사랑하셨기 때문이더라.
>
> 사무엘하 12:25

교회가 교회 되게 하는 것

작은 교회를 섬기는 청년들에게

다른 교회의 교인 수나 예배당 크기에 주눅들지 마십시오.

그런 교회에 속한 교우들도 그것들을 내세우지 마십시오.

숫자가 많다고 해서 큰 교회는 아닙니다.

교인 수가 아무리 많아도

하나님을 작게 여기면 별 볼 일 없는 교회입니다.

돈이 많다고 해서 부유한 교회는 아닙니다.

철저히 나눔을 실천하지 않으면 작은 교회입니다.

교회의 화려함에만 치중하면 하찮은 교회입니다.

한 사람 한 사람의 믿음이 성장하여

영적 거장들이 늘어날 때 진정한 대형교회가 됩니다.

이 글을 읽는 분의 믿음이 크다면

그 교회는 이미 자랑스러운 교회입니다.

교회가 교회 되게 하는 것은

우리들 자신이 하나님을 얼마나 크게 여기느냐에 달렸습니다.

나는 인애를 원하고 제사를 원하지 아니하며

번제보다 하나님을 아는 것을 원하노라.

호세아 6:6

삶과 예배

예배가 삶을 지배하지 못하면
삶이 예배를 지배합니다.

예배가 삶의 질을 높여주지 못하면
삶이 예배의 질을 떨어뜨립니다.

예배는 삶의 씨앗이고
삶은 예배의 터전입니다.

결국 삶과 예배는 하나입니다.
그 무엇보다도 먼저 온전한 예배자로 서게 하소서.

두려워하지 마십시오

나쁜 결과가 나오더라도 두려워하지 마십시오.

기대한 결과가 나오지 않더라도 두려워하지 마십시오.

그냥 나아가십시오.

어려움의 한복판에 서십시오.

그때 기적이 일어납니다.

홍해에서 자기 백성을 죽게 하는 것이

하나님의 뜻이 아닙니다.

더 큰 은혜를 베푸시는 것이 하나님의 뜻입니다.

하나님의 백성이라면 그냥 담대하십시오.

말없이 예배자로 서십시오.

그때 기적이 일어납니다.

예배는 하나님의 기다림입니다

우리가 나아오기 전에 먼저 기다리고 계시는 하나님
오지 않을 것을 알면서도 기다리시는 하나님

기다리는 것이 기다리지 않는 것보다 편하신 하나님
아무리 애를 써도 기다릴 수밖에 없으신 하나님

오지 않는 우리를 기다리다 못해 먼저 찾아가시는 하나님
그 애절한 사랑에 대답하는 것이 예배입니다.

그래서 예배자에게는 세상의 모든 곳이 예배처이며
하나님의 기다림이고 하나님의 사랑입니다.

예 배 자

예배는 사람이 할 수 있는 가장 고귀한 일입니다.

예배의 수준만큼 하나님을 닮아가기 때문입니다.

의무감에서 예배를 드리면

교회는 흔한 종교단체로 전락합니다.

위로받기 위해 예배를 드리면

교회는 상담실로 전락합니다.

복을 받기 위해 예배를 드리면

교회는 물건을 사고파는 장터로 전락합니다.

하나님 앞에 예배자로 서지 못하면

하나님 아닌 다른 것 앞에 예배자로 서게 됩니다.

예배가 삶을 지배하게 하세요

새가

살아 있을 때는 새가 벌레를 먹지만

죽었을 때는 벌레가 새를 먹습니다.

예배가

살아 있을 때는 예배가 삶을 지배하지만

죽었을 때는 삶이 예배를 지배합니다.

오늘도 삶을 강력히 지배하는 예배자로 서게 하소서.

예수님을 따를 때

가수는 아무리 어려워도

노래할 때 가장 빛이 나고

작가는 아무리 어려워도

글을 쓸 때 가장 빛이 나며

배우는 아무리 어려워도

연기를 할 때 가장 빛이 나듯이

크리스천은 아무리 어려워도

예수님을 따를 때 가장 빛이 납니다.

주일에 어디 계세요?

주일날 섬기고 있는 교회가 아닌 다른 곳에 가신다고요?

아무 곳에서나 진실하게 예배드리면 된다고요?

편의와 향락을 따라 예배의 자리를 옮겨다니면서

신앙을 지키고 있다고요?

반드시 기억하십시오.

주일에 자신의 자리를 지키지 않으면

교회가 무너집니다.

교회가 무너지면 신앙이 무너집니다.

신앙이 무너지면 기독교가 무너집니다.

기독교가 무너지면 사회가 무너집니다.

기독교를 무너뜨리는 것은

주일에 제 자리를 지키지 않는 바로 당신입니다.

예배의 자리

이삭이 자신이 번제물로 드려질 자리를 직접 준비했던 것처럼
예배는 자신이 직접 준비하여 자아를 죽이는 자리입니다.

그 예배의 자리를 남에게 의존하여 마련하지 마십시오.
그것은 남의 제사를 구경하는 들러리에 불과합니다.

그 예배의 자리에 제물 없이 나아가지 마십시오.
그것은 남이 드리는 예배를 흉내 내는 것에 불과합니다.

그 예배의 자리에서 자신의 모든 것을 내려놓으십시오.
그렇지 않으면 죽은 예배가 됩니다.

내가 죽은 예배가 살아 있는 예배이고
내가 살아 있는 예배는 죽은 예배입니다.

자신을 죽이지 못하는 예배는 실패한 예배이고
자신을 죽인 예배가 성공한 예배입니다.

자신의 기호와 의도 그리고 취향과 습관이 살아 있는 예배는
향기로운 제사가 될 수 없습니다.

인생을 결정하는 것

우리의 인생은 무엇에 의해 결정될까요?

믿음이 인생을 결정합니다.

지식을 믿으면 지식을 따라가고

돈을 믿으면 돈을 따라가고

하나님을 믿으면 하나님을 따라가기 때문입니다.

지식이나 돈이 결정해주는 인생이 아니라

하나님이 결정해주시는 삶을 살아야 합니다.

희생

희생은 그냥 고생이 아니라

당신이 가진 가장 큰 능력입니다.

희생은

절망을 희망으로 바꿔주는 능력입니다.

상처를 훈장으로 바꿔주는 능력입니다.

바닥에서 정상으로 올라가게 하는 능력입니다.

무너진 가정을 믿음의 가문으로 일으키는 능력입니다.

초라한 사람을 위대한 사람으로 만드는 능력입니다.

미움을 사랑으로 바꿔주는 능력입니다.

생존에 급급한 교회를 영향력 있는 교회로

바꿔주는 능력입니다.

예배가 예배 되게 하고

교회가 교회 되게 하며

크리스천이 크리스천 되게 하고

믿음이 믿음 되게 하며

소망이 소망 되게 하고

사랑이 사랑 되도록 하는 것이 희생입니다.

예수님께서도 그리스도가 되시기 위하여

기적을 일으키신 것이 아니라

십자가 위에서 희생하셨습니다.

희생을 하찮게 여기세요?

그렇다면 당신은 별 볼 일 없는 사람입니다.

희생을 소중히 여기지 않는 가정을 꾸리고 계세요?

그렇다면 가정은 사라지고 하숙집만 남을 겁니다.

희생이 없는 교회에 다니세요?

그렇다면 그곳은

십자가에 달리신 예수 그리스도께서 계시지 않는 교회입니다.

높은 곳에 마음을 두고 낮은 곳을 외면하기보다는
화려한 곳에서 애써 눈을 돌려
초라한 곳을 찾아가는 예배

부유함을 부러워하며 그 주위를 서성이기보다는
가난을 부끄러워하지 않고
내어줌을 실천하는 예배

자신의 소원과 욕망을 이루기 위해 몸부림치기보다는
누군가에게 희망이 되고
용기와 위로가 되는 예배

억울하고 분해서 이를 갈며 앙갚음을 되뇌기보다는
감사와 감격에 겨워
그 은혜를 보답하는 예배

재미있고 즐거우며 신이 나서 흥분하기보다는

우는 이들과 함께 울고 힘들어하는 이들이

기댈 수 있는 예배

계급과 서열이 있어서 윗자리를 차지하므로 만족하기보다는

사람 위에 사람 없고

섬김이 가장 큰 기쁨이 되는 예배

네 편과 내 편을 나눠 승자가 되기를 갈망하기보다는

서로 져주는 사람이 되어

이해와 양보의 기쁨을 알아가는 예배

눈과 귀를 만족시켜 마음에 흡족함과 쾌감을 느끼기보다는

천국은 침노하는 자의 것이라는

진리를 깨닫게 하는 예배

달콤하고 편안하며 내가 바라는 것으로 채우기보다는

불편하고 거부하고 싶으며 삶에 짐이 되어도

옳고 그름을 알게 하는 예배

오늘도 어떤 예배를 사모하고 있는지 두렵습니다.

오늘도 어떤 예배를 준비하고 있는지 두렵습니다.

두렵고 떨림으로 하나님이 원하시는 예배를 드리기보다는

수많은 사람이 원하는 예배를 추구하는 것 같아 괴롭습니다.

초라하고 적을지라도

하나님만을 사모하는 예배자들과 서 있게 하소서.

어느 곳에 하나님의 영광이 머무는지

이제는 깨닫고 알게 하소서.

실패한 인생

축구선수가 축구를 잘못하면 실패한 인생이 되고

가수가 노래를 잘못하면 실패한 인생이 되듯이

크리스천이 예배를 잘못 드리면 실패한 인생이 됩니다.

크리스천으로 산다는 것은 예배자로 사는 것이며

크리스천으로 죽는다는 것은 예배자로 죽는 것입니다.

무엇을 품고 살아가세요?

하나님 뜻대로 살려고 하면 항상 죄송하지만

내 뜻대로 살려고 하면 항상 섭섭하기 마련입니다.

어차피 몸부림치며 살아야 하는 세상에서

지혜로운 사람은 내 뜻이 아닌

하나님의 뜻을 품고 살아갑니다.

하나님 뜻대로

혹시 뜻대로 안 되어 속상하세요?

내 뜻대로 안 된다는 것은

하나님 뜻대로 된다는 것을 의미합니다.

내 뜻을 추구하면 점점 더 추해지지만

하나님 뜻을 추구하면 점점 더 위대해집니다.

내 뜻대로 되면 점점 더 지옥이 되지만

하나님 뜻대로 되면 점점 더 천국이 됩니다.

무엇에 집중하세요?

유능한 사람은

꼭 해야만 하는 한 가지에 집중합니다.

행복한 사람은

꼭 하고 싶은 한 가지에 집중합니다.

크리스천은

예수님께서 원하시는 한 가지에 집중합니다.

어떤 부류의 사람이세요?

예수님께 집중하는 사람이

결국 가장 유능하고 가장 행복합니다.

무엇을 사모하세요?

예배자는 예배드리기 때문이 아니라

하나님을 사모하기 때문에 예배자입니다.

삶 속에서부터 예배를 사모할 때

그 예배는 향기가 되고

삶 속에서부터 예배자로 살아갈 때

그 예배자는 산 제물이 됩니다.

예배자의 진정한 예물은 헌신이며

예배자의 진정한 찬양은 사랑이고

예배자의 진정한 기도는 겸손이며

예배자의 진정한 설교는 정직입니다.

오늘도 하나님만을 사모하는 예배자로 서게 하소서.

믿음의 사람

믿음의 사람은 무엇보다도

예배를 드리고 싶어 합니다.

진정으로 예배를 드린 사람은

무엇보다도 복음을 전하고 싶어 합니다.

예배를 사모하지 않는다면

당신의 믿음에는 문제가 있습니다.

복음을 전하지 않는다면

당신이 드리는 예배에는 문제가 있습니다.

예배의 주인공이 세상의 주인공입니다

우리는 세상에 살면서 너무도 많은 것을 바랍니다.

좋은 대학에 가야 하고 좋은 직장에 다녀야 하며

큰 차를 타고 큰 집에 살아야 합니다.

그리고 이런 것들을 성공이라고 여깁니다.

세상은 하나님께 예배드리기 위한 무대이고

우리는 그 무대의 주인공이라는 사실을 망각한 채 말입니다.

하나님은 예배의 성공자가

인생의 성공자라고 말씀하십니다.

가난하고 내세울 것 없어도

아름다운 예배자로 설 수만 있다면 그는 성공자입니다.

하나님 앞에 진실하게 예배드릴 수 있다면

그것만으로 충분합니다.

하나님 앞에서 예배자로 성공한 것 외에

무엇을 또 기대하세요?

무대의 주인공은 무대 위의 소품을 탐내지 않습니다.

무대의 주인공은 관객의 안락한 의자를 탐내지 않습니다.

무대의 주인공은 들러리의 단역을 탐내지 않습니다.

예배에 실패한 인생이 실패한 인생이고

예배에 성공한 인생이 성공한 인생입니다.

어디에 초점을 맞추고 계세요?

초점을 맞추고 있는 것은 점점 더 커지고
나머지 것들은 점점 더 작아지기 마련입니다.

작은 미움도 초점을 맞추면 큰 미움이 되고
작은 아픔도 초점을 맞추면 큰 아픔이 되듯이
작은 사랑도 초점을 맞추면 큰 사랑이 됩니다.

어디에 초점을 맞추고 계세요?
종이 주인에게 초점을 맞춰야 하듯이
크리스천은 예수님께 초점을 맞춰야 합니다.

하나님이 요구하시는 것

하나님은 우리에게 '불합리한 것'을 요구하실 수 있지만
'불가능한 것'을 요구하시지는 않습니다.

풀무불에 걸어 들어가라고 하셨지
머리카락 하나 타지 않고 다시 나오라고 하지 않으셨습니다.
항아리에 물을 채우라고 하셨지
그 물을 포도주로 만들라고 하지 않으셨습니다.

하나님은 항상 우리에게 할 수 있는 것을 하라고 하십니다.
그러나 우리는 '이해가 되지 않는다',
'불합리하다', '불공평하다', '두렵다'
혹은 '하고 싶지 않다' 등의 이유로 순종하지 않습니다.

결국 순종할 수 없는 것이 아니라 순종하지 않는 겁니다.
그러나 순종의 결과는, 이해되지 않는 만큼, 더 찬란합니다.

희망의 처소

상황이 얼마나 어렵든지 혹은 얼마나 고통스럽든지
희망은 항상 하나님 안에 있습니다.

우리가 그분 안에서 살기 위해 애를 쓸 때
희망은 우리 안에서 역사합니다.

희망이 안 보인다면 희망이 없는 것이 아니라
우리가 하나님 안에서 살려고 하지 않는 겁니다.

하나님의 가슴 아픈 사랑

쌍둥이 중에 한 아기가 죽어서 태어났다면

어떻게 하시겠습니까?

살아 있는 한 아이 때문에 기뻐하기보다는

죽은 아기 때문에 눈물로 탄식하며 슬퍼할 것입니다.

그리고 그 아기를 매장하든가 화장을 하고

마음에 묻고는 영원히 지우지 못할 것입니다.

우리가 이 땅에서의 삶을 끝내고

하나님 나라에 이를 때 영적으로 죽어 있다면

하나님은 어떻게 하실까요?

죽은 영혼 때문에 눈물로 탄식하며 슬퍼하실 것입니다.

그리고 그 죽은 영혼을 마음에 묻고는

영원히 지우지 못하실 것입니다.

우리와 영원히 함께 있고 싶어하시는 하나님

그래서 가장 큰 고통을 감내하신 하나님

우리를 아직도 기다리시는 하나님

그래서 독생자 예수님을 보내실 수밖에 없었던 하나님

그 하나님의 가슴 아픈 사랑을 기억해야 합니다.

지옥을 단순히 하나님의 진노의 상징으로만

이해하지 말아야 합니다.

그것이 하나님의 가슴 아픈 사랑이라는 사실도

잊지 말아야 합니다.

죽어서 태어났어도 여전히 자식이며

땅에 묻어도 영원히 잊을 수 없는 자식이기 때문입니다.

여인이 어찌 그 젖 먹는 자식을 잊겠으며

자기 태에서 난 아들을 긍휼히 여기지 않겠느냐?

그들은 혹시 잊을지라도

나는 너를 잊지 아니할 것이라.

이사야 49:15

하나님을 향한 진실함

혹시 화려한 세상 속에서 혼자만 초라하게 느껴지세요?

화려한 사람들 가운데서 혼자만 한숨짓고 계세요?

하지만 분명히 기억해야 할 것이 있습니다.

예쁘지 않아도 아름다울 수 있고

잘생기지 않아도 멋있을 수 있으며

부유하지 않아도 풍성할 수 있습니다.

하나님을 향한 진실함이 이 모든 것을 가능하게 합니다.

열등한 상황이나 어려운 형편을 탓하지 말고

모든 순간 모든 사람에게

하나님을 대하는 마음으로 최선을 다하십시오.

그 어떤 화려함보다 환하게 빛날 것입니다.

교회의 필요충분조건

교회는 예수님만으로 충분해야 합니다.

그래야 교회가 교회다워집니다.

교회가 교회다워지면

세상은 교회만으로도 충분합니다.

우리는 교회가 교회다우려면

많은 조건이 갖춰져야 한다고 생각합니다.

그래서 마치 예수님이 없어도 되는 양 착각합니다.

예수님이 계시면 다른 것들이 중요하지 않은데

예수님이 안 계시니 너무나 많은 조건들이 필요합니다.

교회의 필요충분조건은

오직 예수 그리스도이십니다.

예배자입니까? 예배를 받는 자입니까?

우리는 너무도 많은 이유로 예수님을 경배하지 않습니다.

바쁘다는 이유로 준비 없이 때우고

힘들다는 이유로 얼렁뚱땅 해치우며

교회 탓을 하며 본분을 잊어버리고

남 핑계를 대며 예수 그리스도를 외면합니다.

때로는 우리의 수고와 헌신에 너무도 많은 조건이 붙습니다.

내 마음에 드는 설교자가 있어야 하고

내 마음에 드는 예배실이 구비되어 있어야 하며

내 마음에 드는 찬양이 귀를 만족시켜주어야 합니다.

내 마음에 드는 사람들이 내 시중을 들어주어야 합니다.

그리고 나서 우리는 보상을 기다립니다.

우리 마음에 평안이 찾아와야 하고

우리 기도가 이뤄져야 하며

우리 삶에 미운 사람도 싫은 사람도 없어져야 합니다.

그렇지 않으면 하나님이 살아 계시지 않다거나

내 예배는 받으시지 않는다고 불평합니다.

우리는 예배자입니까? 예배를 받는 자입니까?

누가 예배의 주인입니까?

예배 의존병

예배 의존병에서 벗어나십시오.

남에게 의존하는 예배를 드리지 마십시오.

상황에 의존하는 예배를 드리지 마십시오.

예배를 최고로 만드는 것은 여러분 자신입니다.

예배 잘 드리셨나요?

아니라고요?

그렇다면 그것은 철저히 당신 책임입니다.

우리는 너무도 많이 설교자에게 의존하는 예배를 드립니다.

그것이 여의치 않으면 찬양팀이나 교회 분위기에 의존합니다.

그러나 이 시대의 제사장은 여러분 자신이며

다른 모든 것은

당신의 예배를 돕는 조력자에 불과하다는 것을

망각하지 마십시오.

하나님은 당신이 드리는 예배를 원하십니다.

사랑을 넘어서는 예배는 없습니다

오늘도 예배자로 서며 두렵고 떨립니다.

예배자로서의 삶과 자세가 고민되기 때문입니다.

사랑할 줄 모른다는 것은 예배할 줄 모른다는 것이고

예배할 줄 모른다는 것은 사랑할 줄 모른다는 것입니다.

사랑을 넘어서는 예배 없고

예배를 넘어서는 사랑 없기 때문입니다.

오늘도 마음을 다하여 사랑하며 예배합니다.

영성이란 무엇일까요?

영성이란 무엇일까요?
단순히 기도를 오래하고 금식이나 철야를 하면
영성이 있거나 강한 것일까요?

영성은 예수 그리스도의 성품에
참여하는 것을 말합니다.

영성이 있는 분들은 무엇보다도 예배의 자리를 사모합니다.
그리고 예수님께서 가신 길을 기쁨으로 따라갑니다.

그러므로 예수님께서 하셨던 것을 하지 못한다면
영성이 있다고 말할 수 없습니다.

십자가를 지지 못하는 영성은 허영일 뿐이며
낮은 자리에 거할 수 없는 영성은 교만일 뿐이고
섬기지 못하는 영성은 가식일 뿐입니다.

헌신의 이유

하고 싶다는 감정 때문에 헌신하지 마십시오.

해야만 한다는 의무 때문에 헌신하지 마십시오.

오직 목숨을 버려도 좋다는 가치 때문에 헌신하십시오.

살아야만 하는 이유를 아는 사람은

그 이유를 위하여 목숨을 버릴 수도 있습니다.

바로 그것이 진정한 가치이기 때문입니다.

목숨을 버려도 아깝지 않을 것에 헌신하고 계신가요?

바로 그것이 가슴을 뛰게 하고

모든 어려움을 이기게 할 것입니다.

신앙생활의 맛을 아세요?

신앙생활은 밤송이와 같습니다.

껍질을 하나씩 벗겨내는 인고의 시간이 없으면

신앙의 참맛을 볼 수 없기 때문입니다.

밤송이 겉에는 가시가 촘촘히 박혀 있습니다.

처음에는 교회에 나가는 것이 죽을 맛입니다.

한 꺼풀 벗겨내면 밋밋합니다.

교회 출석이 조금 적응되면 도대체 재미가 없습니다.

한 꺼풀 더 벗겨내면 떫은맛이 납니다.

헌금하라고 그러지

봉사하라고 그러지

새벽기도하라고 그러지

이 사람 저 사람과 갈등도 생기지

떨떠름 합니다.

마지막으로 한 번 더 벗겨내면

드디어 밤의 참맛을 볼 수 있듯이,

신앙도 이러한 과정을 통해

기독교의 진수를 맛볼 수 있습니다.

신앙의 진정한 맛도 모르고

기독교를 운운하는 것은 밤송이 껍질도 안 벗기고

밤 맛을 보았다고 우기는 것과 같습니다.

믿음의 능력

믿음은 현실에서 벗어나게 하는 것이 아니라
그 현실에서 최상의 모습이 되게 합니다.

따라서 믿음은 고통에서 벗어나게 하는 것이 아니라
그 고통을 껴안고 감내하게 하고
현실을 지배하며 기쁘게 살도록 이끌어줍니다.

감사

행복한 사람이 감사하는 것이 아니라
감사하는 사람이 행복합니다.

감사는 현실을 지배하는 능력이요
사람을 섬기는 성품이고
하나님께 예배하는 영성이기 때문입니다.

감사는 하늘 문을 여는 열쇠이며
하늘의 보화를 담는 창고이고
걸림돌을 디딤돌로 바꾸는 영성입니다.

일류인생

어려움이 닥쳤을 때 어떻게 하세요?

삼류인생은 불평함으로

그 어려움을 더 키우고

이류인생은 인내함으로

그 어려움이 지나갈 때까지 기다립니다.

그러나 일류인생은 감사함으로

그 어려움을 축복으로 바꿉니다.

기도가 어떻게 느껴지세요?

지금 기도가 어떻게 느껴지세요?

고통스러울 때는 무릎 꿇는 것이 기쁨이지만

평안하거나 즐거울 때는 무릎 꿇는 것이 고통입니다.

하나님을 의지하는 법을 배웠다면

이미 모든 것을 가진 사람입니다.

누군가에게 스승일 수 있기를

지식을 가르쳐준 선생님은 평범한 스승이고

감사를 가르쳐준 선생님은 뛰어난 스승이며

기도를 가르쳐준 선생님은 위대한 스승입니다.

지식을 가르쳐준 선생님 덕분에 살아갈 수 있고

감사를 가르쳐준 선생님 덕분에 행복할 수 있으며

기도를 가르쳐준 선생님 덕분에 어려움을 이길 수 있습니다.

모든 것을 가진 사람

아무것도 남지 않아야

비로소 하나님을 발견합니다.

하나님을 발견해야

비로소 하나님이면 충분하다는 것을 깨닫습니다.

하나님이면 충분해야

비로소 모든 것을 가진 사람입니다.

무엇에 매여 계세요?

내가 원하는 것에 매여 있는 것을

집착이라 하고

다른 사람이 원하는 것에 매여 있는 것을

사랑이라 하고

하나님께 매여 있는 것을

믿음이라고 합니다.

그리고 어떤 것에도 매여 있지 않은 것을

죽음이라고 합니다.

무엇에 매여 계세요?

그것에 따라 인생의 수준이 결정됩니다.

복음의 능력

우리가 받아들인 복음은

관상용이나 구경거리가 아닙니다.

보거나 들은 것만으로 만족할 수 있는 것이 아닙니다.

실패한 자가 승리한 자가 되게 하며,

절망에 빠진 사람에게는 희망이 되고

삶의 이유를 찾지 못하는 이들에게는

존재의 이유를 찾게 하는 것이 복음입니다.

존재 이유

밤은 새벽을 맞아들이기 위해 존재하듯

절망은 희망을 맞아들이기 위해 존재합니다.

겨울은 봄을 맞아들이기 위해 존재하듯

불행은 행복을 맞아들이기 위해 존재합니다.

현재는 미래를 맞아들이기 위해 존재하듯

실패는 성공을 맞아들이기 위해 존재합니다.

오늘은 내일을 맞아들이기 위해 존재하듯

크리스천은 예수 그리스도를 맞아들이기 위해 존재합니다.

존재의 이유를 잊지 않을 때만

존재의 가치를 증명할 수 있습니다.

최고의 인생

인생의 맛을 알려면 살아봐야 하고
음식의 맛을 알려면 먹어봐야 하듯
신앙의 맛을 알려면 기도해봐야 합니다.

음식의 맛을 설명으로 이해할 수 없듯이
기독교는 절대로 설명으로 이해할 수 없습니다.

안다고 말하거나 생각하기 전에
먼저 무릎 꿇고 겸손히 기도하십시오.
기도하는 인생이 최고의 인생입니다.

기도한다면

하나님 앞에 무릎 꿇는 사람은

어떤 어려움 앞에서도 일어설 수 있고

하나님 앞에서 우는 사람은

어떤 어려움 앞에서도 웃을 수 있습니다.

기도한다면 낙심하거나 우울할 이유가 없습니다.

기도의 참맛을 아세요?

짐이 너무 무거워 감당할 수 없다면
기도해야 한다는 의미입니다.

너무 어두워 아무것도 보이지 않는다면
하나님께 귀를 기울여야 한다는 의미입니다.

기도가 아무리 어려워도 삶보다 어렵지 않으며
삶이 아무리 즐거워도 기도보다 즐겁지 않습니다.

기도의 참맛을 모른다는 것은
하나님의 사랑과 은혜를 모른다는 의미입니다.

새로운 은혜가 필요하세요?

은혜받기 위하여 예배의 자리에 나아가지 마십시오.
그동안 받은 은혜를 잊어버리고 또 다른 은혜를 사모하세요?
그것은 배은망덕한 짓입니다.

받은 은혜를 간직하기 위하여 예배의 자리에 나아가십시오.
은혜를 잊지 않고 그 은혜에 감격하며 살아가는 것이
참된 예배자의 모습입니다.
그분을 기억하며 그분을 사모하며
그분과 함께하고 싶어 몸부림쳐야 합니다.

마음에 간직한 은혜는 어제 힘이 되었듯이
오늘도 동일하게 힘이 되며
마음에 품은 은혜는 오늘 살아갈 용기가 되었듯이
내일도 동일하게 살아갈 용기가 될 줄 믿습니다.

어떤 만남을 바라세요?

사랑은 아무리 강조해도 지나치지 않을 만큼 중요합니다.

그러나 자기를 사랑하는 사람끼리의 만남은 최악입니다.
갈등과 다툼이 끊이지 않기 때문입니다.

자기를 사랑하는 사람과 하나님을 사랑하는 사람 간의 만남은
무의미합니다.
나아가는 방향이 달라
계속 버티고 견디기만 하기 때문입니다.

하지만 하나님을 사랑하는 사람끼리의 만남은
놀라운 기적을 일으킵니다.
하나님은 그러한 예배자들을 찾아서
새로운 역사를 시작하시기 때문입니다.

아버지께 참되게 예배하는 자들은

영과 진리로 예배할 때가 오나니 곧 이 때라.

아버지께서는 자기에게

이렇게 예배하는 자들을 찾으시느니라.

요한복음 4:23

하나님을 놓치지 마십시오

아무리 화려해도 하나님을 놓친 예배는
껍데기에 불과하고
아무리 초라해도 하나님을 향한 예배는
거룩한 산 제사입니다.

설교자만 기억하게 하는 설교는
최악의 설교이고
하나님을 기억하게 하는 설교는
최고의 설교입니다.

보이는 사람만 드러나는 찬양은
가장 형편없는 찬양이고
보이지 않는 하나님을 드러내는 찬양은
가장 아름다운 찬양입니다.

무엇 때문에 하나님을 놓치시나요?
화려하든 초라하든

눈에 보이거나 귀에 들리는 것 때문에

하나님을 놓치지 마십시오.

교회는 결국 사람입니다

예배가 예배 되게 하는 것은 예배자입니다.

찬양이 찬양 되게 하는 것도 예배자입니다.

기도가 기도 되게 하는 것도 예배자입니다.

말씀이 말씀 되게 하는 것도 예배자입니다.

교회가 교회 되게 하는 것도 예배자입니다.

예수 그리스도를 마음 깊이 모시고 경배하지 않는 사람이

교회를 교회 되게 할 수는 없습니다.

은혜 위에 은혜

우리는 은혜 위에 은혜라는 말씀을 참 많이 오해합니다.

그냥 단순히 하나님의 은혜가 크다는 정도로만 이해합니다.

그냥 하나님의 은혜가 크고 풍성하다고만 이해합니다.

따라서 별 감흥 없이 받아들입니다.

하지만 이것은 하나님의 가슴 아픈 사랑을 의미합니다.

부모가 망나니에다가 무능하기까지 한 자식을 보며 아파하듯

하나님께서 우리를 말할 수 없는 탄식으로

기다리는 것을 의미하기 때문입니다.

우리의 반복적인 죄악과 허물 그리고 연약함이 너무 커서

그 큰 은혜가 아니면

아무런 가능성이 없음을 의미하기 때문입니다.

따라서 우리는 그냥 하나님의 은혜가 필요한 것이 아닙니다.

은혜 위에 또 은혜가 필요합니다.

우리는 많은 죄악을 용서받았는데

또다시 용서받아야 합니다.

우리의 허물을 덮어주셨는데
또다시 덮어주셔야 합니다.
우리의 더러움을 씻어주셨는데
또다시 씻어주셔야 합니다.

하나님의 은혜가 아니면 살 수 없기에
다시 또 무릎 꿇습니다.

받은 은혜에 관한 단상

은혜를 기억하면 겸손한 사람이 되지만
은혜를 잊으면 교만한 사람이 됩니다.

은혜를 붙잡으면 풍성한 삶을 살지만
은혜를 놓치면 빈곤한 삶을 살아갑니다.

살아 있는 은혜는 감사로 나타나지만
죽은 은혜는 불평으로 나타납니다.

은혜를 계속 갚으려고만 하면 존경받는 사람이 되지만
은혜를 계속 입으려고만 하면 파렴치한이 됩니다.

간직한 은혜는 또 다른 은혜를 여는 대문이 되지만
버려진 은혜는 또 다른 은혜를 막는 장벽이 됩니다.

어떤 예배를 좋아하세요?

내가 좋아도 하나님이 싫어하시는 예배가 있고
내가 싫어도 하나님이 좋아하시는 예배가 있습니다.

귀가 즐겁다고 해서 은혜 받았다고 착각하지 마십시오.
눈이 즐겁다고 해서 하나님이 기뻐하시는 예배라고
착각하지 마십시오.

들을 것이 없다고 별 볼 일 없는 예배라고 단정짓지 마십시오.
볼 것이 없다고 초라한 예배라고 단정짓지 마십시오.

내가 좋다는 것 때문에 나로 가득한 예배가 되고
내가 싫다는 것 때문에 나로 가득한 예배가 됩니다.

예배는 하나님으로 가득한 만큼 아름다워지고
나로 가득한 만큼 추해집니다.
하나님만으로 가득함으로써 어떤 조건에도
마음을 뺏기지 않는 예배가 참된 예배입니다.

오늘도 가장 영광스러운 자리에
가장 겸허한 모습으로 서게 하소서.

오늘도 가장 영광스러운 자리에
가장 겸허한 모습으로 서게 하소서.

하나님을 향한 간절함

예배를 영광스러운 자리로 만드는 것은
교회 건물이나 시설 혹은 설교자나 찬양대가 아닙니다.
그것은 오직 하나님을 향한 간절함입니다.

우리의 무감각한 마음 때문에 예배는 종교 행위가 되고
우리의 세상적인 불만 때문에 예배는 껍데기가 되며
우리의 인간적인 만족 때문에 예배는 오염이 됩니다.

하나님만 향하는 우리의 간절함이
예배를 영광스럽게 하고
영광스러운 예배가 우리의 삶을
영광스럽게 만들며
우리의 영광스러운 삶이
하나님께 진정으로 영광을 돌려드립니다.

하나님으로부터 멀어지셨나요?

하나님으로부터 아무리 멀어졌어도
하나님께 다시 돌아오는 길은 불과 한걸음입니다.
돌이키면 하나님은 바로 거기 계시기 때문입니다.

내가 주의 영을 떠나 어디로 가며

주의 앞에서 어디로 피하리이까

내가 하늘에 올라갈지라도 거기 계시며

스올에 내 자리를 펼지라도 거기 계시니이다.

내가 새벽 날개를 치며 바다 끝에 가서 거주할지라도

거기서도 주의 손이 나를 인도하시며

주의 오른손이 나를 붙드시리이다.

시편 139:7-10

무엇을 기다리세요?

환자는 병이 낫기를 기다리고

운전자는 탁 트인 도로를 기다리며

엄마는 자식을 기다립니다.

그러나 크리스천은 하나님을 기다려야 합니다.

무엇을 기다리세요?

하나님을 간절히 기다릴 때

우리의 말은 찬양이 되고,

하나님을 간절히 기다릴 때

우리의 행동은 헌신이 되며,

하나님을 간절히 기다릴 때

우리의 삶은 열매가 됩니다.

하나님이여, 사슴이 시냇물을 찾기에 갈급함 같이

내 영혼이 주를 찾기에 갈급하니이다.

시편 42:1

작은 교회가 살아나야 기독교가 살아납니다

물에 젖어 있는 장작이 타오르지 않듯이

화려함에 젖어 있는 크리스천이 빛을 발할 리 없습니다.

녹지 않는 소금은 돌가루에 불과하듯이

헌신하지 않는 크리스천은

어딜 가나 거치는 자에 불과합니다.

교회를 찾는 조건이 무엇인가요?

내가 섬길 수 있는 교회가 좋은 교회이고

나를 필요로 하는 교회가 살아 있는 교회입니다.

작은 교회가 살아나야 기독교가 살아납니다.

어떤 사람이세요?

평범한 사람은 하고 싶은 것과 하고 싶지 않은 것에
초점을 맞추고 살아갑니다.

유능한 사람은 할 수 있는 것과 할 수 없는 것에
초점을 맞추고 살아갑니다.

위대한 사람은 해야 하는 것과 하지 말아야 하는 것에
초점을 맞추고 살아갑니다.

어떤 사람에 해당하세요?
감당해야만 하는 사명에 초점을 맞추고 사는 사람은
어떤 위치에 있든지 이미 위대한 사람입니다.

예수님이 필요하세요?

가수에게 노래는 필요한 것이 아니라 전부이고
축구선수에게 축구는 필요한 것이 아니라 전부이듯
크리스천에게 예수님은 필요한 분이 아니라 전부입니다.

예수님이 전부가 아니기 때문에
우리는 너무 많은 것들을 필요로 합니다.
그래서 우리의 마음은 잡동사니로 가득 차고
우리의 기도는 욕심으로 더렵혀지며
우리의 삶은 쓰레기 창고가 되어갑니다.

또 필요목록을 적고 계세요?
그 목록에 예수 그리스도를 넣지 마십시오.
그분은 당신의 전부이십니다.

예수님은 우리에게 필요한 분이 아닙니다

예수님이 필요하세요?

예수님은 우리의 삶에서 필요한 분이 아닙니다.

그분은 우리의 전부이십니다.

우리의 부족함을 채우기 위하여

그 부족함에 예수님을 끼워 넣지 마십시오.

그 크신 하나님을 어떻게 그곳에 가둬놓습니까?

우리의 허물을 덮기 위하여

그 허물에 예수님을 끼워 넣지 마십시오.

그 크신 하나님을 어떻게 그곳에 가둬놓습니까?

그분의 은혜에 우리의 전부를 던져 넣지 않으면

우리의 부족은 절대로 해결되지 않습니다.

그분의 은혜에 우리의 전부를 던져 넣지 않으면

우리의 허물은 절대로 해결되지 않습니다.

우리가 그분의 전부이듯

그분이 우리의 전부가 되지 않으면

우리는 점점 더 빈곤과 결핍에 찌들어 살고

우리는 점점 더 허물과 연약함에 오염될 것입니다.

예수님이 나의 전부이듯

여러분도 예수님이 전부였으면 좋겠습니다.

내가 그리스도와 함께 십자가에 못 박혔나니

그런즉 이제는 내가 사는 것이 아니요

오직 내 안에 그리스도께서 사시는 것이라.

이제 내가 육체 가운데 사는 것은

나를 사랑하사 나를 위하여 자기 자신을 버리신

하나님의 아들을 믿는 믿음 안에서 사는 것이라.

갈라디아서 2:20

하나님과의 관계

하나님과의 관계를 유지하는 것은 우리만의 책임일까요?
그래서 실수나 잘못도 없어야 하고
하나님으로부터 멀어지지도 말아야 하며
성경을 읽고 기도하며 하나님을 기쁘게 해드려야만
하나님과의 관계가 유지될까요?

하나님은 우리의 아버지이십니다.
육신의 아버지와의 관계가 우리만의 책임이 아니듯
하나님과의 관계도 우리만의 책임은 아닙니다.

하나님은 우리의 연약함과 부족함을 다 아시며
우리 편에서 하나님으로부터 멀어진다 할지라도
그 부분에 대하여 하나님도 책임이 있으시다는 것을
잊지 말아야 합니다.

이 세상에서의 아버지는 잃어버려도
하늘의 아버지는 잃어버릴 수 없습니다.

하나님이 끝까지 붙잡으시기 때문입니다.

여호와 그가 네 앞서 행하시며

너와 함께 하사 너를 떠나지 아니하시며

버리지 아니하시리니 너는 두려워 말라 놀라지 말라.

신명기 31:8

나 여호와가 옛적에 이스라엘에게 나타나 이르기를

"내가 무궁한 사랑으로 너를 사랑하는고로

인자함으로 너를 인도하였다" 하였노라.

예레미야 31:3

한심한 인생

혹시 삶이 너무 이율배반적이지 않은지요?

꿈이 있다고 하면서 시도조차 않고

목표가 있다고 하면서 계획도 없고

사랑한다고 하면서 관심도 없고

믿음이 있다고 하면서 행함이 없고

예배드린다고 하면서 구경하고 있고

봉사한다고 하면서 대가를 기대하고

섬긴다고 하면서 입만 열만 불평불만이고

하나님을 안다고 하면서

이익에만 관심이 있는 것은 아닌지요.

하지만 그중에 가장 한심한 것은

크리스천이라고 하면서도

정작 예수 그리스도가 없는 인생이 아닐까요?

하나님의 은혜를 생각하면

하나님의 은혜를 생각하면
아홉 개를 드리고도 한 개를 더 드리지 못해
부끄럽고 죄송합니다.
이 정도면 충분하다고 생각하지 않습니다.

하나님의 은혜를 생각하면
죽도록 충성하고도 더 충성하지 못해
부끄럽고 죄송합니다.
이 정도면 충분하다고 생각하지 않습니다.

하나님의 은혜를 생각하면
온종일 하나님과 동행하고도 잠시 다른 생각한 것 때문에
부끄럽고 죄송합니다.
이 정도면 충분하다고 생각하지 않습니다.

하나님의 은혜를 생각하면
어려운 가운데 예배드리고도 더 정성을 쏟지 못한 것 때문에

부끄럽고 죄송합니다.

이 정도면 충분하다고 생각하지 않습니다.

하나님 앞에 늘 부끄럽고 죄송합니다.

저는 무익한 종입니다.

그래서 더 충성하고 싶습니다.

혹시 착각 아니세요?

옳은 말을 한다고 해서 옳은 사람이 되는 것은 아니듯이
종교가 기독교라고 해서 기독교인이 되는 것이 아닙니다.

부모님이 계신 것과 부모님을 모시는 것이 다르듯이
교회에 다닌다고 해서 교인이 되는 것은 아닙니다.

크리스천이세요? 아니면 크리스천이라고 착각하세요?

하나님을 기뻐할 때

하나님을 기뻐할 때

우리의 믿음은 흔들리지 않고

하나님을 기쁘시게 해드릴 때

우리의 믿음은 강력해지며

하나님을 기쁘시게 한다는 증거를 받을 때

우리의 믿음은 모든 것을 지배합니다.

믿음은 바라는 것들의 실상이요

보이지 않는 것들의 증거니

선진들이 이로써 증거를 얻었느니라.

히브리서 11:1-2

지금 기도는 반쪽짜리 아닌가요?

기도는 영혼의 호흡입니다.
그렇다면 들숨과 날숨이 있어야 합니다.
혹시 들숨은 없고 날숨만 있는
반쪽짜리 기도를 하고 있는 것은 아닌지요?

기도는 하나님과의 대화입니다.
그렇다면 말하기와 듣기가 있어야 합니다.
혹시 열심히 말하기는 하는데 듣기가 없는
반쪽짜리 기도를 하고 있는 것은 아닌지요?

내쉬기만 하는 호흡이 호흡이 아니고
혼자서만 떠드는 대화가 대화가 아니듯이
요청만 하는 기도는 기도가 아닙니다.
하나님께 귀를 기울이는 기도가 절실합니다.

삶과 기도의 인과관계

바쁜 삶은

기도를 어렵게 만들지만

기도는

바쁜 삶을 수월하게 만들어줍니다.

삶이 어렵다면

기도하지 않기 때문이고

삶이 쉽다면

기도하기 때문입니다.

진정한 문제

우리는 우리의 눈을

하나님께 두고서 기도해야지

어려움에 두고서 기도하지 말아야 합니다.

하나님을 보고 있으면 문제가 작게 여겨지고

문제를 보고 있으면 하나님이 작게 여겨지기 때문입니다.

우리의 진정한 문제는 기도할 때 하나님을 찾지 않고

문제에 대한 답을 찾는 것입니다.

어떤 새벽을 맞이하세요?

기도로 맞이하는 새벽은 강력합니다.

절망 중에 희망을 보기 때문입니다.

답답함이 평안함이 되기 때문입니다.

가장 큰 슬픔이 가장 큰 기쁨이 되기 때문입니다.

기도로 맞이하는 새벽은 따뜻합니다.

어떤 아픔도 위로받기 때문입니다.

어떤 상처도 치유되기 때문입니다.

어떤 깨진 관계도 회복되기 때문입니다.

기도로 맞이하는 새벽은 기적입니다.

불가능을 가능으로 바꿔주기 때문입니다.

불행을 행복으로 바꿔주기 때문입니다.

무능한 자를 능력자로 바꿔주기 때문입니다.

새벽을 깨우지 않는 사람에게는

새벽이 존재하지 않듯이

기도하지 않는 사람에게는

하나님의 역사가 존재하지 않습니다.

기도는 수단이 아니라 목적입니다

기도는 최후의 수단이 아니라

최고의 목적입니다.

기도를 방법으로 여길 때

하나님과의 만남은 가증스러워지며

기도를 수단으로 여길 때

하나님과의 동행은 위선이 됩니다.

기도해봤자 아무 소용이 없는 것 같으세요?

아직도 기도의 의미를 모르기 때문입니다.

기도대로 응답되기 때문에 크리스천이 아니라

기도하기 때문에 크리스천입니다.

기도하는 인생

뒤를 돌아보면 후회와
아쉬움으로 가득하고
앞을 내다보면
답답하고 암담하다고 한숨짓지 마십시오.

우리는 앞이나 뒤가 아니라
하늘을 볼 수 있어서 살아갑니다.
하늘을 우러러 기도하는 인생이
최고의 인생입니다.

하나님의 관심

하나님은 성공한 사람만 사랑하고
실패한 사람은 싫어하실까요?

하나님은 우리의 성공과 실패 자체보다는
그것들에 대한 태도에 관심이 있으십니다.

따라서 성공했을 때의 겸손만큼
실패했을 때의 엎드림도 동일하게 사랑하십니다.

자신을 사랑하라

3

천 번을 흔들려야 어른이 된다고요?

한 번 흔들리면 아픕니다.

열 번 흔들리면 습관이 됩니다.

백 번 흔들리면 무감각해집니다.

천 번 흔들리면 쓰러져 굴러다니는 어른이 됩니다.

어른이 되어서도 흔들리고 굴러다니는 사람은

고통거리입니다.

한 번 흔들렸으면 다음번에는 흔들리지 마십시오.

흔들리는 것을 보는 사람은 피가 마릅니다.

흔들리는 것을 사는 방법인 양 착각하지 마십시오.

흔들릴 때 주위 사람은 억장이 무너집니다.

우리가 흔들리는 것을 즐기는 존재들이 있습니다.

누구에게 기쁨이 되고 싶으세요?

흔들리지 않고 자리를 지키는 것이

사람됨의 기본 도리입니다.

좋은 평판을 얻으려면?

자기 마음에 맞으면 좋은 사람이라고 말하고

자기 마음에 안 맞으면 나쁜 사람이라고 말하는 것이

사람의 본능입니다.

남의 말이나 평가에 흔들리지 말고

마음에 옳다고 판단되면 담대하게 사십시오.

그것이 좋은 평판을 얻는 비결입니다.

욕먹고 해결하세요

욕먹을 일 했으면 욕먹고 해결하십시오.

변명하고 핑계를 대봤자 추해지기만 합니다.

맞을 일 했으면 맞고 해결하십시오.

이리 피하고 저리 피하려다가 더 힘들어집니다.

손해 볼 일 했으면 손해 보고 해결하십시오.

만회해보려고 애쓰다가 더 큰 손해를 봅니다.

술수를 써서 교묘히 빠져나가고

요령 피워서 남에게 덤터기 씌우며

미련 못 버리고 버티는 것보다

대인배가 되는 것이 훨씬 이익입니다.

두 종류의 아픔

세상에는 두 종류의 아픔이 있습니다.

당신에게 상처를 주는 아픔

당신에게 교훈을 주는 아픔

상처는 반드시 잊으십시오.

그러나 교훈은 절대로 잊지 마십시오.

아픔

가라앉지 않는 태풍이 없듯이

사라지지 않는 아픔도 없습니다.

태풍이 올 때 서로를 껴안으면 온기가 남듯이

아픔이 올 때 서로를 껴안으면 사랑이 남습니다.

아무리 작은 아픔도 방치하면

큰 상처로 남지만

아무리 큰 아픔도 사랑으로 돌보면

아름다운 흔적으로 남습니다.

향나무는 상처가 클수록 더 깊은 향기를 내고

사랑은 어려움이 클수록 더 큰 열매를 맺습니다.

아픔이 상처로 끝나지 않고

향기로 퍼질 수 있도록

더 따뜻하고 더 깊은 마음으로 서로를 배려해야 합니다.

치유되지 않는 상처는 없습니다.

너무 아파하지만 말고

오히려 서로를 격려하는 희망지기로 살아가야 합니다.

어떤 상황에도 곁에 있어준 당신을

더욱더 사랑하며 축복합니다.

인생은 공평하지 않습니다

인생은 공평하지 않습니다.

불평하는 사람에게는 지옥을 선사하지만

감사하는 사람에게는 천국을 선사하기 때문입니다.

인생은 공평하지 않습니다.

불평하는 사람에게는 위험이 다가오지만

감사하는 사람에게는 기회가 다가오기 때문입니다.

인생은 공평하지 않습니다.

불평하는 사람에게는 동굴이 시작되지만

감사하는 사람에게는 터널이 시작되기 때문입니다.

인생은 공평하지 않습니다.

불평하는 사람에게는 미움이 시작되지만

감사하는 사람에게는 사랑이 시작되기 때문입니다.

인생은 공평하지 않습니다.

불평하는 사람에게는 불행이 시작되지만

감사하는 사람에게는 행복이 시작되기 때문입니다.

인생은 공평하지 않습니다.

불평하는 사람에게는 냉소적이지만

감사하는 사람에게는 호의적이기 때문입니다.

무엇을 더하느냐가 문제입니다

어둠에 빛이 더해지면 빛이 되듯이

미움에 사랑이 더해지면 사랑이 되며

의심에 믿음이 더해지면 믿음이 되고

불의에 정의가 더해지면 정의가 되며

절망에 희망이 더해지면 희망이 된다는 것을 믿습니다.

큰 어려움 가운데 있으세요?

견디기 힘든 답답함 가운데 있으세요?

어떤 상황 가운데 있느냐가 문제가 아니라

어떤 것을 더하느냐가 문제입니다.

그 어떤 미천한 사람도

예수님이 더해지면 예수님이 되고

그 어떤 고통스러운 상황도

예수님이 더해지면 하나님 나라가 됩니다.

그분이 내 삶에 더해져서

그분으로 물들어가고

그분으로 가득 차며

그분만 나타내길 소원합니다.

행복의 조건 1

그냥 사랑해야 진짜 사랑하는 것이듯

그냥 행복해야 진짜 행복한 겁니다.

사랑하는 데 꼭

대단한 이유가 있어야 하는 것이 아니듯이

행복하게 사는 데 꼭

대단한 이유가 있어야 하는 것은 아닙니다.

행복의 조건은 우리가 만든 허상에 불과합니다.

행복의 조건 2

우리가 행복하지 못한 이유는
행복의 조건이 너무 많거나 너무 커서 그렇습니다.

가난한 사람은 행복의 조건이 부유함일 때
언제나 불행하고
키가 작은 사람은 행복의 조건이 큰 키일 때
언제나 불행합니다.
현재 누릴 수 있는 작고 소박한 행복의 조건이
늘 행복한 삶을 영위하게 합니다.

크리스천의 행복의 조건은 오직 예수 그리스도입니다.
그렇지 않다면 크리스천으로서의 행복은
절대로 누리지 못할 것입니다.

부끄러운 것

우리는 부끄러운 것을
부끄러워할 줄 알아야 합니다.

옷차림이 초라한 것이 아니라
생각이 초라한 것이 부끄러운 것입니다.

적은 월급을 받는 것이 아니라
게으른 것이 부끄러운 것입니다.

누추한 집에 사는 것이 아니라
그 집의 주인이 하나님이 아니고
우리 자신이라는 사실이 부끄러운 겁니다.

오늘날 크리스천의 위기

우리 삶의 문제는 무엇일까요?

너무 편한 것이 문제입니다.

우리는 목숨을 걸고 예수님을 믿어야 한다고 합니다.

그러나 이 말은 요즘 무의미합니다.

왜 그렇습니까?

예수님을 믿을 때 목숨 걸 일이 없기 때문입니다.

그냥 하찮은 일상의 연속입니다.

정말 목숨 걸 일이 없이

하찮은 일들만 가득한 세상일까요?

크리스천의 문제는 하찮은 것과 중요한 것을

구분하지 못한다는 것입니다.

교회가 너무 많으니까 자기 교회가 귀한 줄 모릅니다.

교회를 하찮게 여긴다는 말입니다.

당연히 교회에 목숨 걸 일이 없습니다.

하지만 교회는 하찮은 것이 아닙니다.

설교를 너무 쉽게 들을 수 있으니까

설교가 소중한 줄 모릅니다.

설교를 하찮게 여긴다는 말입니다.

당연히 지금의 설교에 목숨 걸 일이 없습니다.

하지만 설교는 하찮은 것이 아닙니다.

큰일을 큰일로 여기지 않으니까

하찮은 일들에 목숨을 겁니다.

목숨을 걸어야 할 것에 걸지 않고

목숨을 걸지 말아야 할 것에 겁니다.

하찮은 것에 목숨을 걸면 하찮은 인생이 되고

위대한 것에 목숨을 걸면 위대한 인생이 됩니다.

어디에 인생을 걸고 있으신지요?

믿음과 미래

미래를 생각하면 어떤 마음이 드세요?

믿음은 미래가 어떻게 될지를 믿는 것이 아니라

미래가 누구에게 달려 있는지를 믿는 것입니다.

믿음이 없으면 미래는 늘 캄캄합니다.

믿음이 얕으면 미래는 늘 답답합니다.

그러나 믿음이 깊으면 미래는 늘 희망입니다.

미래의 암담함에서 벗어나셨나요?

이제는 미래의 불안을 해결하기 위한 믿음에서

하나님을 섬기기 위한 믿음으로

자라가야 하지 않을까요?

앞길이 보이지 않아 답답하세요?

길은 원래 보이지 않습니다.

직선으로 되어 있는 길은 없기 때문입니다.

그 길이 단거리가 아니기 때문입니다.

길이 보이지 않는다고 길이 없는 것은 아닙니다.

그냥 한 걸음씩 가다 보면 목적지에 도착합니다.

정말 답답하면 먼저 그 길을 간 분들에게 물어보십시오.

잘못 가고 있다면 새로운 길을 개척하고 있는 것이고

더디 가고 있다면 쉼이 필요할 뿐입니다.

목적지에 데려다 주는 것은

한 순간이 아니라 한 걸음이며

보이지 않는 길에 대한 확신입니다.

마음

마음은 모양이 없어서 어딘가에 담지 않으면

방황하기 마련입니다.

담을 곳을 찾지 못한 마음은

자신의 인생과 주위를 어지럽힙니다.

잘못된 곳에 담겨 있는 마음은

자신의 인생과 주위를 부패시킵니다.

마음이 어디에 담겨 있으세요?

우리의 마음은

변하지 않는 예수님께 담겨 있을 때 가장 아름답습니다.

좋은 인생

좋은 인생은 어려움이 없는 인생이 아니라

어려움을 잘 극복하는 인생이듯이

좋은 사람은 나쁜 면이 없는 사람이 아니라

나쁜 면을 잘 억제하는 사람입니다.

견디기 힘든 일이 있으세요?

그 일을 잘 견디면 좋은 인생이 되고

그 일을 통해 성장하면 좋은 사람이 됩니다.

눈물의 의미

메마른 삶을 적셔줄 눈물이 그리운 세상입니다.
나를 위한 눈물은 성장의 과정이고
남을 위한 눈물은 성장의 증거입니다.

전에는 억울해서 울고 속상해서 울며 답답해서 울었지만
이제는 한 생명을 보며 울 수 있었으면 좋겠습니다.
한없이 울고 싶을 때
눈물의 의미를 다시금 생각해봅니다.

행복이란 무엇일까요?

부자로 사는 것이 행복이 아니라

정직하게 사는 것이 행복입니다.

예쁜 여자하고 사는 것이 행복이 아니라

서로 사랑하며 사는 것이 행복입니다.

부자 남편하고 사는 것이 행복이 아니라

서로를 아끼며 사는 것이 행복입니다.

경쟁에서 이기는 것이 행복이 아니라

서로를 배려하며 양보하는 것이 행복입니다.

내 뜻대로 되는 것이 행복이 아니라

하나님 뜻대로 되는 것이 행복입니다.

멋진 예배당에서 예배드리는 것이 행복이 아니라

멋진 예배자가 되는 것이 행복입니다.

행복하려면, 채울 수 없는

행복의 조건을 채우려 하지 말고

행복의 조건 자체를

올바르고 아름답게 가꾸십시오.

희망

우리의 삶에서 희망은 정말 중요합니다.

상처 많은 과거를 치유해주고

어려운 현재를 쉽게 만들어주며

암담한 미래를 설렘으로 바꿔주기 때문입니다.

크리스천의 희망은 오직 예수 그리스도이십니다.

비움과 채움

우리가 풍요로운 인생을 살지 못하는 근본적인 이유는
더 비우려 하지 않고 더 채우려 하기 때문입니다.

신앙생활이 더 채우기 위한 것일 때 삶은 고통이 되고
신앙생활이 더 비우기 위한 것일 때 삶은 기쁨이 됩니다.

결국 더 채우려고 하면 우리의 삶은 죽음으로 끝이 나지만
더 비우려고 하면 우리의 삶은 죽음으로 완성됩니다.

포기와 내려놓음의 차이

포기하는 것은 관계를 끊는 것이지만
내려놓는 것은 관계를 공고히 하는 것입니다.

포기하는 것은 마음을 닫는 것이지만
내려놓는 것은 마음을 여는 것입니다.

포기하는 것은 거부하는 것이지만
내려놓는 것은 받아들이는 것입니다.

포기하는 것은 아무것도 안 하기로 작정하는 것이지만
내려놓는 것은 해야만 하는 것을 하기로 작정하는 것입니다.

포기하는 것은 하나님을 무시하는 것이지만
내려놓는 것은 하나님께 맡기는 것입니다.

포기하면 마음에 상처를 입지만
내려놓으면 마음에 치유를 입습니다.

포기하면 절망이 생기지만

내려놓으면 희망이 생깁니다.

비교의식

남들과 비교하면 비참해지고
예수님과 비교하면 겸손해집니다.
그래서 미련한 사람은 남들과 비교하고
지혜로운 사람은 예수님과 비교합니다.

겸손의 놀라운 비밀을 아세요?
겸손한 만큼 인격적이고
겸손한 만큼 유능해지고
겸손한 만큼 행복해집니다.

좋은 생각

좋은 생각을 가진 한 사람은 외롭습니다.

좋은 생각을 가진 두 사람은 행복합니다.

그러나 좋은 생각을 가진 세 사람은 위대합니다.

우리의 가장 좋은 생각은 예수 그리스도입니다.

너와 나를 뛰어넘어 예수님을 생각하는 분들과

하나님 나라를 확장하고 싶습니다.

혹시 인생이 계속 꼬이세요?

다림질을 아무리 열심히 해도
다리미판에 주름이 있으면 주름이 잡히듯이
마음이 꼬여 있으면
아무리 열심히 살아도
인생도 꼬이기 마련입니다.

지금까지 살아온 삶이 싫으면
먼저 생각을 바꾸십시오.
인생은 절대로 생각의 수준을 벗어나지 못합니다.

삐뚤어진 생각을 가진 사람이 올바른 삶을 살 수 없고
자기밖에 모르는 사람은 남을 위해 살 수 없으며
적당히 하려는 사람이 정확한 삶을 살 수 없습니다.

완벽한 인생 보험

사람의 말을 듣고 움직이면 찌질한 인생이 되지만

하나님의 말씀을 듣고 움직이면 위대한 인생이 됩니다.

인생의 완벽한 보험은 하나님의 말씀입니다.

인생을 망치고 싶지 않으면

지금 당장 하나님께 귀를 기울이십시오.

행복과 불행의 이유

가난이 불편함일 수는 있지만
불행의 이유는 아닙니다.

장애가 불편함일 수는 있지만
불행의 이유는 아닙니다.

가난이나 장애가 불행이라면
이 세상에 행복은 존재하지 않습니다.

행복하다 여기면 모든 것이 행복이 되고
불행하다 여기면 모든 것이 불행이 됩니다.
불행의 이유는 오직 우리 마음속에 있습니다.

희망과 절망

빛을 이길 수 있는 어둠은 없듯이
희망을 이길 수 있는 절망은 없습니다.

현실에서 하나님을 바라보면 희망이지만
현실에서 문제를 바라보면 절망입니다.

절망은 하나님과의 포옹입니다.
하나님 품에 안길 수밖에 없기 때문입니다.

희망은 하나님과의 입맞춤입니다.
눈을 감고 하나님께 초점을 맞출 수밖에 없기 때문입니다.

절망이 깊을수록 하나님의 품은 더 따뜻하고
희망이 강할수록 하나님의 인도하심은 더 강력합니다.

소중한 행복

가장 힘들게 하는 것이 사람이지만

가장 행복하게 하는 것도 사람입니다.

사람에 대하여 등을 돌리는 것은

가장 힘든 것을 포기하는 것이지만

가장 큰 행복도 포기하는 것입니다.

힘들이지 않고 행복을 얻을 수는 없습니다.

소중한 것일수록 얻기 어렵고

유지하기는 더욱 어렵습니다.

사명

홀씨는 바람에 날려

어느 자리에 떨어졌는지를 탓하지 않고

자신이 피울 수 있는

가장 아름다운 꽃을 피우는 것이 사명이듯이,

크리스천도

하나님이 보내주신 자리를 탓하지 않고

자신이 맺을 수 있는

가장 소중한 열매를 맺는 것이 사명입니다.

자리가 사람을 만드는 것이 아니라

사람이 자리를 만듭니다.

무엇에 갇혀 계세요?

요셉은 감옥에 갇혔지만 전혀 문제가 되지 않았습니다.

그곳을 원망과 분노의 장소가 아니라

섬김의 장소로 여겼기 때문입니다.

바울은 감옥에 갇혔지만 전혀 문제가 되지 않았습니다.

그곳을 도망가고 피해야 할 장소가 아니라

복음을 전하는 선교의 장소로 여겼기 때문입니다.

다니엘은 사자 굴에 갇혔지만 전혀 문제가 되지 않았습니다.

그곳을 두려움과 공포의 장소가 아니라

하나님을 향한 예배와 기도의 장소로 여겼기 때문입니다.

다니엘의 세 친구는 풀무불에 갇혔지만

전혀 문제가 되지 않았습니다.

그곳을 회한과 아쉬움의 장소가 아니라

자신들의 믿음을 증명하는 최적의 장소로 여겼기 때문입니다.

답답한 환경 속에 갇혀 있는 것이 문제가 아닙니다.

욕망, 분노, 절망, 근심, 염려, 의심, 상처, 미움

그리고 시기와 질투에 갇혀 있는 것이 진짜 문제입니다.

무엇에 갇혀 계세요?

예수 그리스도를 통해 마음의 감옥에서 벗어나면

환경이라는 감옥에서도 자유로워질 것입니다.

주님이면 충분합니다

에녹이란 이름은

'봉헌된 자' 혹은 '시작하는 자'라는 뜻입니다.

주님께 드려진 사람은 주님이면 충분합니다.

에녹은 300년 동안 하나님과 동행했습니다.

하지만 그의 인생 이력서에는 그 한 줄 외에

더 기록된 것이 없습니다.

정확하게 말해서 더 기록할 필요가 없었습니다.

왜냐하면 그의 이력서는 주님이면 충분했기 때문입니다.

주님과 동행했다는 것보다 더 큰 위대함은 없기 때문입니다.

이력서에 쓸 것이 없으세요?

스펙이 너무 초라한가요?

갖춘 것이 너무 없으세요?

다윗이 골리앗을 쓰러뜨릴 때도 그랬습니다.

마음을 강하게 하고 담대히 하십시오.

어떤 인생도 주님이면 충분합니다.

어떤 것에 간절하세요?

세상에서는 유능하기 때문에 쓰임 받지만

하나님 나라에서는 쓰임 받기 때문에 유능해집니다.

우리의 작음,

초라함,

그리고 실패 때문에 좌절하지 말고

하나님께 쓰임 받으려는

간절함을 회복해야 합니다.

답과 의미 1

가장 어려운 문제는 답이 없는 문제이며

가장 힘든 고난은 의미가 없는 고난입니다.

답이 없는 문제를 붙들고 있는 것처럼

답답한 인생이 없고

의미가 없는 고난을 겪고 있는 것처럼

비참한 인생이 없습니다.

크리스천은 문제에 대한 답을 찾고

고난에 대한 의미를 찾은 사람입니다.

답과 의미 2

문제는 답을 알면 기쁨이 되듯이

고난은 의미를 알면 기쁨이 됩니다.

답이 없는 문제가 없듯이

의미가 없는 고난은 없습니다.

문제로 가득한 세상에서

답을 아는 사람은 점점 더 행복해지고

고난이 가득한 세상에서

의미를 찾은 사람은 점점 더 강력해집니다.

우리의 모든 문제에 답이 되시고

우리의 모든 고난에 의미가 되시는 주님을 찬양합니다.

답이 없는 인생?

우리는 답을 찾아야 하는 것이 아니라

문제를 찾아야 합니다.

우리는 답을 갖고 있습니다.

예수 그리스도입니다.

하나님의 말씀입니다.

그런데 우리가 가지고 있는 답을

잘못된 문제에 계속 대입시키고 있습니다.

그리고 자신의 문제에 답이 없다고 고민합니다.

우리의 문제는 무엇입니까?

나의 주인이 누구냐입니다.

종은 선택의 여지가 없습니다.

종은 종을 찾지 않습니다.

종은 오직 주인을 찾습니다.

종은 다른 종에게 초점을 맞추지 않습니다.

가장 빛나는 삶을 살고 싶으면

최고의 주인을 모시십시오.

삶이 초라하고 별 볼 일 없다고 힘들어하지만 말고

최고의 주인 앞에 무릎 꿇고

그분의 종으로 살아가십시오.

종은 최고의 주인을 만날 때 가장 빛이 납니다.

나의 주인이 누구인가라는 문제를 문제로 여기면

우리는 완벽한 답을 가지고 있습니다.

같은 답을 가지고 있는 우리가 같은 문제를 공유할 때

세상이 쉬워집니다.

주님이 하시기 때문입니다.

주님이 나의 주인이듯

여러분의 주인도 주님이셨으면 좋겠습니다.

주님이 나의 주인이십니다.

주님 사랑하고 사랑하고 또 사랑합니다.

크리스천에게 믿음은 능력입니다

볼 수 없는 것을 보게 하는 능력입니다.

알 수 없는 것을 알게 하는 능력입니다.

이해할 수 없는 것을 이해하게 하는 능력입니다.

풀 수 없는 문제를 풀게 하는 능력입니다.

슬픔을 기쁨으로 바꿔주는 능력입니다.

절망을 희망으로 바꿔주는 능력입니다.

미움을 사랑으로 바꿔주는 능력입니다.

답답함을 평안함으로 바꿔주는 능력입니다.

그래서 믿음의 사람은 이 땅에 발을 붙이고 살면서도

하나님 나라의 삶을 살아갑니다.

혹시 견디기 힘든 어려움이 있으세요?

그것이 어떤 것이든 오직 믿음의 문제입니다.

무엇이 고난입니까?

내가 믿지 않으면 어떤 진실도 거짓입니다.

내가 품지 않으면 어디에도 희망은 없습니다.

내가 하나님을 바라보지 않으면

하나님은 어디에도 계시지 않습니다.

내가 하나님을 믿지 않으면

전능한 하나님도 철저하게 무능한 존재에 불과합니다.

하나님이 계신다고 믿는 것도 믿음이지만

하나님이 안 계신다고 믿는 것도 믿음입니다.

내 삶이 어렵고 힘드냐가 중요한 것이 아니라

예수 그리스도를 바라보고 있느냐가 중요합니다.

현재 답답하고 암담하다는 것이 중요한 것이 아니라

예수 그리스도와 함께하고 있느냐가 중요합니다.

우리는 그냥 어렵거나 답답한 것이 아니고

예수 그리스도와 함께하고 있습니다.

우리는 힘겹게 살아가는 것이 아니고

예수 그리스도를 따라가고 있는 중입니다.

이 기본적인 사실을 놓치는 것이 바로 고난입니다.

행복한 사람

세상에 수많은 사람이 가난하게 사는데

왜 당신만 부유해야 하나요?

세상에 수많은 사람이 힘겹게 사는데

왜 당신만 편안하게 살아야 하나요?

고통은 이러한 집착에서 비롯되고

이러한 집착 때문에 불행이 사라지지 않습니다.

사랑하는 데

대단한 이유가 있어야 하는 것이 아니듯

행복하게 사는 데

대단한 이유가 있어야 하는 것은 아닙니다.

가야만 하는 길이 있고

그 길을 가고 있다면 당신은 이미 행복한 사람입니다.

역설의 삶

가장 강하지만 가장 약한 모습으로 사셨고
가장 부유하지만 가장 가난하게 사셨습니다.

많은 이들의 아픔을 치유하셨지만
자신은 고통의 길을 선택했고
많은 이들을 살리셨지만
자신은 죽음의 길을 선택했습니다.

왜 이런 선택을 하셨을까요?
약자에게 힘이 되어주시기 위함이 아닐까요?
그리고 그것이 진정으로 사는 길임을
보여주시기 위함 아닐까요?

누구든지 자기 목숨을 구원하고자 하면 잃을 것이요,
누구든지 나와 복음을 위하여 자기 목숨을 잃으면
구원하리라.

마가복음 8:35

혹시 착각하지 않으세요?

사탄은 평안함을 답답함으로 착각하게 합니다.

사탄은 안정된 삶을 암담함으로 착각하게 합니다.

사탄은 질서와 체계를 장애물로 착각하게 합니다.

사탄은 목적지에 당장 도착해야 하는 것으로 착각하게 합니다.

사탄은 꿈을 매일의 노력이 아니라

현실에 대한 불평으로 이룰 수 있는 것처럼 착각하게 합니다.

갑갑하더라도 너무 조급해하지 마십시오.

하루아침에 얻을 수 있는 것은 없습니다.

멀리 보고 매일 노력하면 됩니다.

마음에 심은 것은 자라나게 되어 있습니다.

꾸준히 노력해서 성취할 수 있는 꿈을 심으십시오.

그리고 절대로 포기하지 마십시오.

내가 포기한 꿈을

하나님이 이뤄주실 수는 없습니다.

만남의 은혜

누구에게나 힘든 시기가 있습니다.

그 시기에 고마운 은인을 만납니다.

그 시기에 깊은 깨달음을 준 스승을 만납니다.

그 시기에 평생 함께할 친구를 만납니다.

그 시기에 더 단단한 나를 만납니다.

그리고 거부할 수 없는 하나님의 은혜를 만납니다.

하나님의 은혜를 만났다면

이제는 하나님을 향한 믿음을

증명할 수 있을 것입니다.

더 가지려고 하기 전에

군림하라고 주어진 권력 없고

낭비하라고 주어진 재물 없으며

방탕하라고 주어진 시간 없습니다.

현재 무엇을 가지고 계세요?

더 가지려고 하기 전에 이미 주어진 것을

의미 있게 사용하는 것이 삶의 목표가 되어야 합니다.

멋지고 아름다운 삶을 살고 싶으세요?

언젠가는 하나님 앞에 설 날이 올 것입니다.

그때 하나님께서는 "네가" 잘했느냐고 물으시지

다른 사람들이 잘했느냐고 묻지 않으십니다.

다른 사람에 관한 이야기는 그때 아무 의미가 없습니다.

내 이야기를 해야 합니다.

또한 하나님은 평소에 어떻게 했느냐고 물으시지

엄청나고 대단한 일을 했느냐고 묻지 않으십니다.

가정에서의 가장 평범한 삶

교회에서의 가장 평범한 예배

일상 속에서 만나는 가장 평범한 사람들

그 부분들에 대한 마음과 태도

그리고 행위를 물으실 것입니다.

좋든 나쁘든 남의 이야기가 아니라

자신의 이야기를 만들어가야 합니다.

크든 작든 자신의 한두 번의 이야기가 아니라

일상의 반복되는 작은 이야기들이 중요합니다.

남들의 화려함이 부러워서

다른 사람들의 화폭에 묻어가려 하지 마십시오.

화려하게 살고 싶어서

가장 소중한 사람들에게 등을 돌리지 마십시오.

기본을 지키지 않고서 탁월해질 수 없으며

본질에 충실하지 않으면서 멋진 인생이 될 수는 없습니다.

믿음은 무엇입니까?

믿음은 의심하지 않기 위해서가 아니라

행동하기 위해서 존재합니다.

그래서 행함이 없는 믿음은 죽은 믿음이라고 합니다.

믿음이 없는 사람은 의심조차 하지 않습니다.

따라서 의심은 믿음의 또 다른 증거일 뿐입니다.

그런데 믿음에 대하여 계속 착각하는 것이 있습니다.

할 수 없는 것을 해야 믿음이라고 생각한다는 겁니다.

믿음은 할 수 없는 것을 하는 것이 아닙니다.

자신이 할 수 있는 것을 하는 것이 믿음입니다.

그리고 할 수 없는 것은 하나님께 맡기는 것입니다.

혹시 답답하고 암담하고 더 이상 할 수 있는 것이 없으세요?

그것은 무엇을 의미할까요?

사명을 완수했다는 뜻입니다.

이제부터 하나님이 하시겠다는 뜻입니다.

하나님의 역사하심을 누릴 시간이 왔다는 뜻입니다.

더 이상 할 수 있는 것이 없다면

이제부터는 하나님의 역사하심을 마음껏 즐기십시오.

약함과 강함

우리의 약함은 하나님의 은혜를 드러내기 위함이며
우리의 강함은 하나님의 능력을 드러내기 위함입니다.

강자와 약자는 하나님께 받은 사명의 차이일 뿐이며
자랑거리나 부끄러움거리가 아닙니다.

따라서 약함을 부끄러워하는 것은 열등감일 뿐이고
강함을 자랑하는 것은 교만일 뿐입니다.

삶이 힘드세요?

어제의 힘든 일이 오늘의 나를 만들었듯

오늘의 힘든 일이 내일의 나를 만든다는 것을 믿습니다.

편안함에 안주하면 점점 더 나약해지고

재미에 안주하면 점점 더 한심해지며

화려한 것에 안주하면 점점 추해질 뿐입니다.

삶이 힘드세요?

우리는 그냥 힘겹게 사는 것이 아니라

내일의 나를 만들어가는 중입니다.

우리가 기대하는 모습은

오직 고난이라는 어머니에 의해서만 탄생합니다.

천국은 이런 곳입니다

천국에는 눈물이 없습니다.
눈물 흘릴 일이 없어서가 아니라
눈물을 닦아주기 때문입니다.

천국에는 무거운 짐이 없습니다.
지고 갈 짐이 없어서가 아니라
함께 짐을 지기 때문입니다.

천국에는 부족함이 없습니다.
모든 것이 있어서가 아니라
주님이 주인이기 때문입니다.

천국에는 미움이 없습니다.
미운 사람이 없어서가 아니라
이해하고 용서하기 때문입니다.

우리가 기대하는 천국은

너무 막연하고 이상적이어서

누군가 만들어낸 허구에 불과한 것 같습니다.

반드시 기억해야 합니다.

천국은 뜬구름 잡는 자의 것이 아닙니다.

천국은 공짜로 그냥 얻으려는 자의 것이 아닙니다.

천국은 침노하는 자의 것입니다(마 11:12).

삶이 힘들 때

삶이 어려우면 원칙을 지키십시오.

삶이 복잡하면 우선순위를 찾으십시오.

삶이 무기력하면 사명감을 가지십시오.

원칙을 지키면 삶이 점점 더 쉬워지고

우선순위가 분명하면 삶이 점점 더 행복해지며

사명감을 가지면 삶이 점점 더 위대해집니다.

마음을 다스리세요

땅은 일궈야 하고 정원은 가꿔야 하듯이

우리의 마음은 다스려야 합니다.

방치된 마음은 지옥을 만들지만

다스린 마음은 천국을 만들기 때문입니다.

천국은 나의 마음에서 시작하여

다른 사람의 마음에서 완성됩니다.

사랑할 줄 아는 사람

진정한 승자는 이길 수 있는 사람이 아니라
져줄 수 있는 사람이고

진정한 부자는 소유할 수 있는 사람이 아니라
나눌 수 있는 사람이며

진정한 강자는 지배할 수 있는 사람이 아니라
섬길 수 있는 사람입니다.

그래서 사랑하는 사람이
결국 승자가 되며
부자가 되고
강자가 됩니다.

절망적인 상황을 만나셨나요?

뜻하지 않은 악재에 당황스럽고

끝이 보이지 않는 고생에 포기하고 싶으며

이길 수 없는 승부에 숨이 막혀올 수 있습니다.

그러나 잊지 않았으면 좋겠습니다.

이 모든 것은 우리가 살아 있다는 것을 의미할 뿐입니다.

답답함은 견디기 위하여 존재하고

넘어짐은 다시 일어서기 위하여 존재하며

막막함은 더 노력하기 위하여 존재합니다.

잊지 않았으면 좋겠습니다.

절망은 희망의 또 다른 이름일 뿐입니다.

염려가 많으세요?

사람은 어차피 염려하며 살게 되어 있습니다.

그렇다면 차라리 위대한 것을 염려하십시오.

자연스럽게 사소한 염려가 사라질 것입니다.

가치 있는 것을 염려하면

가치 있는 사람이 되고

하찮은 것을 염려하면

하찮은 사람이 됩니다.

나라에 대하여 염려하면

애국자가 되지만

자기 자신의 일만 염려하면

자기밖에 모르는 사람이 됩니다.

하나님 나라를 향한 고민이 짙어질수록

세상살이에서의 시름은 점점 더 옅어집니다.

절제

말은 아낄 때 아름답고
행동은 희생이 될 때 아름답습니다.

하고 싶은 말을 다하면 점점 더 추해지고
하고 싶은 행동을 다하면 점점 더 더러워집니다.

자신을 다스리지 못하면
다른 것들에게 지배당합니다.

어떤 은혜로 살아가세요?

우리는 은혜 없이 살 수 없습니다.

태어난 것도 은혜요

살아가는 것도 은혜입니다.

누구의 은혜로 살아가길 원하세요?

사람의 은혜로 살아가면 점점 더 비굴해지지만

하나님의 은혜로 살아가면 점점 더 겸손해집니다.

비굴한 사람만큼 추한 사람 없고

겸손한 사람만큼 아름다운 사람은 없습니다.

욕심

하고 싶은 것이 많을수록

할 수 없는 것이 그만큼 많아집니다.

뜻하는 것이 많을수록

원하는 대로 안 되는 것이 그만큼 많아집니다.

시도하는 것이 많을수록

실패하는 것도 그만큼 많아집니다.

바라는 것이 많을수록

실망하는 것도 그만큼 많아집니다.

지금 힘든 것은 혹시 욕심 때문이 아닌지요?

하나님을 의지하는 법

사람을 의지하면 점점 더 무능해지고
하나님을 의지하면 점점 더 유능해집니다.

사람을 의지하면
점점 더 의존적인 사람이 되고
하나님을 의지하면
점점 더 독립적인 사람이 되기 때문입니다.

어떤 일도 해내는 강자가 되고 싶으세요?
하나님을 의지하는 법을 배우십시오.

누군가가 기댈 수 있는 언덕이 되고 싶으세요?
하나님을 의지하는 법을 배우십시오.

두려워하거나 포기하지 마십시오

삶에서 어렵고 힘든 것을 너무 두려워하지 마십시오.
시간이 지나면 어차피 소중한 추억이 됩니다.

삶에서 좌절하며 실패하는 것을 너무 두려워하지 마십시오.
시간이 지나면 어차피 사라질 기억에 불과합니다.

정말 두려워해야 할 것은 실패가 아니라 포기입니다.
어떤 것을 이루지 못한다면
불가능하기 때문이 아니라 두려워하기 때문이며
실패하기 때문이 아니라 포기하기 때문입니다.

포기의 지혜

포기할 것을 포기하지 않으면
포기하지 말아야 할 것을 포기하게 됩니다.
모든 것은 포기를 대가로 주어집니다.

정말 포기하지 말아야 할 것을 위해
나머지 것들을 모두 포기하는 것이
진정한 지혜이며 용기입니다.

무엇이 문제입니까?

우리는 늘 없는 것이 문제라고 말하지만

하나님은 늘 있는 것이 문제라고 말씀하십니다.

있는 곳에는 인간의 욕심이 머물지만

없는 곳에는 하나님의 은혜가 머물기 때문입니다.

그래서 가난한 자가 복이 있습니다.

희망이 보이지 않는다고요?

희망이 보이지 않는다고요?

희망은 원래 보이지 않습니다.

항상 절망이라는 옷을 입고 있기 때문입니다.

먹구름 뒤에는 반드시 태양이 있듯이

절망 뒤에는 반드시 희망이 있습니다.

나이 들어감

크리스천에게 나이 들어감은

서러움이 아니라 행복입니다.

하나는 주님을 닮아감을 의미하기 때문이고

다른 하나는 주님을 뵐 날이 가까워짐을 의미하기 때문입니다.

나이 들어감이 자랑이 되고 설렘이 되길 축복합니다.

더 큰 가치

사람은 소유하려는 것에 소유 당합니다.

그것이 기준이 되고 목표가 되어

다른 것들을 보지 못하기 때문입니다.

따라서 소유하고 싶은 것을 소유하려 하기 전에

그것을 지배할 수 있는 더 큰 가치를 소유해야 합니다.

크리스천에게 궁극의 가치는 하나님 나라입니다.

무엇을 좋아하세요?

좋아하는 것은 매우 위험합니다.

그것에 의해 싫어하는 것이 결정되기 때문입니다.

그것이 사실상 뚜렷한 자기 기준이 되기 때문입니다.

그 기준으로 가까이하거나 멀리하며

가치를 판단하기도 합니다.

무엇을 좋아하세요?

그것에 의하여 인생이 결정될 것입니다.

우리의 위기

우리의 위기는 대단한 것을 못해서가 아니라
일상이 무너지기 때문에 일어납니다.

평범함을 지키지 못해서 가정이 무너지고
본질을 지키지 않아서 교회가 쓰러지고
기본을 지키지 않아서
사회가 난장판이 되고 있다는 것을 아는지요?

어려움 가운데 계세요?
요령이나 방법 혹은 수단을 찾지 말고 원칙을 지키십시오.

지혜란 무엇입니까?
요령이나 방법이 아니고 원칙을 지키는 것입니다.
원칙이 없는 사람은 미련한 사람이고
원칙을 무시하는 사람은 교활한 사람입니다.

고난이라는 어머니

우리가 기대하는 내일의 모습은

고난이라는 어머니에 의해서만 탄생합니다.

행복, 평안, 기쁨, 즐거움, 안락함을 통해

성장하는 사람은 아무도 없습니다.

지금 혹시 힘드세요?

그렇다면 더 큰사람이 되고 있는 중입니다.

좀 넓게 봅시다

좋은 일은 나를 즐겁게 하지만
나쁜 일은 나를 강하게 합니다.

부유함은 나를 편안하게 하지만
가난함은 나를 성숙하게 합니다.

친구는 나를 행복하게 하지만
원수는 나를 큰사람이 되게 합니다.

즐겁고 편안하고 행복한 것이 좋으세요?
아니면 강하며 성숙하고 큰사람이 되는 것이 좋으세요?

눈앞만 보면 암담하고 답답하지만
넓게 보면 이 세상에 좋지 않은 것은 없습니다.

어떤 때인지요?

가장 약할 때 가장 강해져야 하고

가장 두려울 때 가장 용기를 내야 하며

가장 절망적일 때 가장 희망적이어야 하고

가장 포기하고 싶을 때 가장 끈기 있어야 하며

가장 미울 때 가장 사랑해야 합니다.

그것이 어렵다고요?

그래서 못나고 한심한 인생입니다.

모든 것이 은혜입니다

나의 허물이 싫어서 더욱더 간구했더니

허물은 어느새 삶을 아름답게 하는 겸손이 되었습니다.

나의 연약이 싫어서 더욱더 간구했더니

연약은 어느새 하나님만 의지하는 믿음이 되었습니다.

나의 부족이 싫어서 더욱더 간구했더니

부족은 어느새 모두를 행복하게 하는 사랑이 되었습니다.

하나님이 나를 왜 이리도 나약하게 지으셨는지

이제야 알 것 같습니다.

삶에 하나님의 은혜가 아닌 것이 없음을

이제야 깨닫습니다.

추억

추억은 단순한 과거가 아닙니다.

추억은 단순히 재미있던 순간이 아닙니다.

누군가를 말없이 사랑한 결과이고

고통을 끊임없이 감내한 결과입니다.

고통이 없는 열매는 없습니다.

어려움이 없는 소중한 일은 없습니다.

있다면 그것은 내 것이 아닙니다.

답답하고 힘겨워도 묵묵히 견디며 나아가다 보면

어느 날, 지난날들을 추억하고 있을 겁니다.

실패한 것 때문에 힘드세요?

성공이 소중한 만큼 실패도 소중합니다.

실패는 성공에 이르기 위한 과정이고

과정이 없이는 아무것도 이루지 못하기 때문입니다.

실패한 것 때문에 힘들어하지 말고

한 발 더 다가간 것 때문에 기뻐해야 합니다.

다시 시작해야 하는 것은 낭비가 아니라

처음 시작할 때보다 수월함을 의미합니다.

어제까지 힘들었다면 오늘은 그냥 행복하십시오.

시작과 마무리

행함이 없는 믿음이 죽은 믿음이듯

성취가 없는 목표도 죽은 목표입니다.

시작했다면 끝을 맺을 줄 알아야 하고

시작이 좋았다면 끝도 좋게 할 줄 알아야 합니다.

최고의 마무리가 최고의 시작을 만듭니다.

마지막까지 힘내서 좋은 마무리를 했으면 좋겠습니다.

예수 그리스도의 소유

사랑하면 상대방의 소유가 되고 싶어 하고

좋아하면 상대방을 소유로 만들고 싶어 합니다.

예수 그리스도를 좋아하려 하지 말고 사랑하려 애쓰십시오.

우리는 그분을 소유할 때가 아니라

그분의 소유가 될 때

가장 행복하고 가장 아름답습니다.

어떻게 살고 계세요?

쉽게 살려고 하지 마십시오.

쉬운 것 중에 유익한 것은 없습니다.

오히려 가장 어려운 것이 가장 유익합니다.

가장 어렵게 사는 것이 가장 쉽게 사는 길이며

가장 쉽게 사는 것이 가장 어렵게 사는 길입니다.

지금 살아가는 것이 어렵다면

제대로 살고 있다는 것을 의미합니다.

지금 살아가는 것이 쉽다면

잘못 살고 있다는 것을 의미합니다.

현재를 쉬운 것으로 가득 채운다는 것은

미래를 어려운 것으로 가득 채우고 있다는 것을 의미합니다.

쉽게 살기 위하여 선택한 직업은 삶을 점점 더 어렵게 만들듯

쉽게 살기 위하여 예수 그리스도를 따르면

삶은 점점 더 고통이 될 것입니다.

쉽게 살려고 하지 말고 크리스천답게 살려고 하십시오.

그것이 가장 쉽게 사는 길입니다.

행복의 필요충분조건

사랑은 또 다른 문제를 낳지만
문제가 문제로 느껴지지 않도록 합니다.

사랑은 문제에 부딪히게 하지만
문제 때문에 더 강해지게 합니다.

사랑은 문제를 해결해주지 않지만
문제보다 더 큰 사람이 되게 합니다.

그래서 사랑은 행복의 필요충분조건인 것 같습니다.

항상 평안하세요?

자기 자신에게 초점을 맞추면

항상 불평이 생기고

다른 사람에게 초점을 맞추면

항상 불안합니다.

그러나 예수님께 초점을 맞추면

항상 평안합니다.

꿈과 현실

꿈을 잃으면 현실은 고통이 되고

꿈이 없으면 현실은 지겨움이 됩니다.

그러나 꿈이 있으면 현실은 발판이 됩니다.

현실에 부딪혀 꿈을 이루지 못하겠다고요?

그것은 꿈이 간절하지 않다는 것을 의미할 뿐입니다.

끝은 곧 시작을 의미하듯이 절망은 희망을 의미합니다.
희망을 품고 있는 것은
이상적인 상황이 아니라 절망적인 상황이기 때문입니다.
절망만이 희망을 낳기에 절망도 귀중히 여겨야 합니다.
희망은 반드시 절망과 함께 있습니다.

마음을 담은 작은 글들에 불과하지만
누군가에는 절망 속에서 희망을 품을 수 있도록 돕는
불씨였으면 좋겠습니다.

이 글들이 세상에 조금이라도 보탬이 될 수 있을지
자신감이 없었지만 원고의 아이디어를 제의해준
새물결플러스 대표 김요한 목사님과
책으로 탄생하는 데 많은 수고를 해준 최경환 연구원님
그리고 새물결플러스 직원 여러분에게 깊이 감사드립니다.

그리고 이 책의 주요 수신자이며 모티브가 된

하늘샘과 명지대 MGH

그리고 서원대 친구들 및 서원대학교회 식구들에게

감사를 전하며 함께 기쁨을 나누고 싶습니다.

2017년 7월 청주에서

탁영철

기다림은 희망입니다

Copyright ⓒ **탁영철** 2017

1쇄발행_ 2017년 7월 17일

지은이_ 탁영철
펴낸이_ 김요한
펴낸곳_ 새물결플러스
편　집_ 왕희광·정인철·최율리·박규준·노재현·한바울·유진·신준호
　　　　정혜인·김태윤
디자인_ 송미현·이지훈·이재희·김민영
마케팅_ 임성배·박성민
총　무_ 김명화·이성순
영　상_ 최정호·조용석·곽상원

아카데미_ 유영성·최경환·이윤범

홈페이지 www.hwpbooks.com
이메일 hwpbooks@hwpbooks.com
출판등록 2008년 8월 21일 제2008-24호
주소 (우) 07214 서울특별시 영등포구 양평로11, 4층(당산동5가)
전화 02) 2652-3161
팩스 02) 2652-3191

ISBN 979-11-6129-021-8　　03230

책값은 뒤표지에 있습니다.

이 도서의 국립중앙도서관 출판예정도서목록(CIP)은 서지정보유통지원시스템 홈페이지(http://seoji.nl.go.kr)와 국가자료공동목록시스템(http://www.nl.go.kr/kolisnet)에서 이용하실 수 있습니다(CIP제어번호: CIP2017015650).